Ulrike Brämer

Karin Blesius

Fit an der Tastatur

Arbeitsbuch mit Lernarrangements
für normgerechtes Tastschreiben

1. Auflage
Copyright © 2012

by SOL-Verlag GmbH, Düsseldorf
info@sol-verlag.de
www.sol-verlag.de

Text: Ulrike Brämer und Karin Blesius
ISBN 978-3-942264-18-1
Bestellnummer 181

fiellascript˙ ist ein eingetragenes Warenzeichen

Vorwort

Liebe Lernende, liebe Leser,

Sie haben eine weise Entscheidung getroffen – Sie möchten körperschonend, schnell und optimal an Ihrem PC arbeiten. Das Tastschreiben – die Texteingabe ohne Blick auf die Tastatur – ist eine elementare Voraussetzung dazu. Gerade im heutigen Zeitalter, in dem fast jeder zu Hause einen Personalcomputer (PC) besitzt, sollten Sie diese Technik beherrschen. Auch wird heute das Tastschreiben nicht ausschließlich in Büros vorausgesetzt; es gibt kaum mehr Arbeitsbereiche, in denen die Mitarbeiter keine PCs bedienen, also Daten über die Tastatur in den PC eingeben bzw. Daten abfragen.

Beim Tastschreiben ist es wie beim Sport: Wenn man die Grundtechnik nicht richtig beherrscht, schleichen sich sehr leicht Erkrankungen oder körperliche Belastungen (z. B. Sehnenscheidenentzündungen, Nackenverspannungen, brennende Augen etc.) ein. Es lohnt sich also, das Tastschreiben korrekt – auch wenn es etwas Zeitaufwand erfordert – zu erlernen.

Achten Sie beim Arbeiten am PC auf Folgendes:

- Gerade, aufrechte Haltung - Ihr Rücken ist durch die Stuhllehne abgestützt.
- Sie sitzen auf der ganzen Stuhlfläche, damit Ihr Becken abgestützt ist.
- Schlagen Sie Ihre Beine nicht übereinander, um Durchblutungsstörungen zu vermeiden.
- Ihre Oberarme und Unterarme bilden einen rechten Winkel – Stuhlhöhe entsprechend einstellen.
- Ihr Handrücken und Unterarm bilden eine gerade Linie, um die Sehnen zu schützen.
- Neigen Sie Ihren Kopf beim Blick auf den Monitor etwas nach unten, um Nackenschmerzen abzuwenden.
- Vermeiden Sie den Blick auf die Tastatur, damit Ihre Augen nicht ständig zwischen Vorlage, Tastatur und Bildschirm wechseln müssen. Der unterschiedliche Sehabstand und der variierende Hintergrund von Vorlage, Tastatur und Bildschirm beanspruchen Ihre Augen sehr, was leicht zu schmerzenden Augen führt.
- Vermeiden Sie Blendungen am Monitor und achten Sie auf den Lichteinfall von links (bei Rechtshändern).

Dieses Arbeitsheft ist so aufbereitet, dass Sie die Buchstaben und wichtigsten Satzzeichen in kürzester Zeit (sieben Lernelemente sind zu bearbeiten) ertasten können. Sie trainieren zuerst mental die Bewegungsabläufe zu den einzelnen Tasten und üben sie anschließend an der Tastatur.
Das Training nach **fiellascript**® verkürzt die Lernzeiten erheblich. Unter mentalem Training versteht man das Sich-Vorstellen eines Bewegungsablaufes ohne tatsächliche motorische Aus-

II

führung. Sie stellen sich die Bewegung Ihrer Hand und des Fingers zum gewünschten Buchstaben bzw. Satzzeichen vor und kreuzen dabei die entsprechenden Spalten der Systemübung zu den einzelnen Lernelementen an.

Buch-staben Ziffern Zeichen	Tastaturseite		Um-schaltung		Kleiner Finger	Ring-finger	Mittel-finger	Zeige-finger	Mittelreihe		Ober-reihe	Unter-reihe	Ziffern-reihe	Spreizgriff		Kontrolle
	links	rechts	links	rechts					Grund-stellung	Mittel-reihe				links	rechts	
1	2		3		4				5					6		7
a	✕				✕				✕							*a*
H		✕	✕					✕		✕				✕		*H*

Mit dem Tastaturlernprogramm **fiellascript**® erlernen Sie nicht nur rasch die Tastatur, Sie können zudem nach Ihrem eigenen Lerntempo und völlig selbstgesteuert die Buchstaben, Satzzeichen, Ziffern und Sonderzeichen erarbeiten. Sie kontrollieren Ihre mentalen Bewegungsabläufe, indem Sie die Spalte 7 ausfüllen. Dazu müssen Sie die Spalte 1 umknicken und anhand der Kreuze, also des Bewegungsablaufes erkennen, zu welchem Buchstaben, Satzzeichen und Sonderzeichen bzw. zu welcher Ziffer Sie gelangen. Nachdem Sie die Tabelle vollständig ausgefüllt haben, vergleichen Sie, ob die Angaben in Spalte 1 identisch mit denen in Spalte 7 sind. Wenn dies nicht der Fall ist, sind Sie beim Ankreuzen der Spalten vom falschen Bewegungsablauf ausgegangen oder sind beim Ausfüllen der Spalte 7 beim Vorstellen des Bewegungsablaufes zur falschen Taste gelangt.

Sollten Sie bei der Erarbeitung neuer Bewegungsabläufe den Unterricht versäumen, können Sie die Übung selbstständig zu Hause nacharbeiten.

Da zum professionellen Bedienen eines PCs das Tastschreiben alleine nicht ausreicht, erlernen Sie mit jedem Lernelement wichtige Funktionen in Word (siehe Word-Funktionsteil), die Organisation der Dateiverwaltung, aber auch Rechtschreibregeln, Richtlinien zur normgerechten Schreibweise von Texten (Regeln der DIN 5008) und typografische Gestaltungsregeln.

Ihr vorrangiges Ziel sollte es sein, sicher und damit ohne Blick auf die Tastatur, die Tastatur bedienen zu können. Zu Beginn schreiben Sie langsam, dafür aber sicher Texte von der Vorlage ab. Ihr Schreibtempo erhöht sich mit der Zeit automatisch. Da das Tastschreiben eine motorische Leistung ist, erreichen Sie eine Schreibfertigkeit (sicher und schnelles Schreiben) nur, wenn Sie kontinuierlich üben. Genauso wie im Sport ist das regelmäßige Training die Grundvoraussetzung für Ihren Erfolg.

Dieses Arbeitsheft enthält zwei Lernsituationen:

- Texte professionell erfassen und
- Texte normgerecht erfassen.

Die beiden Lernsituationen enthalten mehrere Lernaufgaben und sind nach dem gleichen Schema aufgebaut. In der ersten werden die Buchstaben möglichst zügig erarbeitet, in der zweiten wird nach Erarbeitung aller Lernaufgaben ein DIN-Regelheft erstellt. Zur Erarbeitung der Ziffern und Zeichen erhalten Sie ein Grundrüstzeug, um Texte zu gestalten.

Zu Beginn finden Sie einen Überblick über die zu erreichenden Kompetenzen, die Inhalte, die Lern- und Arbeitstechniken und die benötigten Ressourcen. Die in dem Raster abgebildeten Wörter oder Zeichen sollen auf den Schwerpunkt der Lernsituation hinführen. Sie sind für Brainstorming-Übungen oder Klassengespräche gedacht, damit Sie u. a. Ihr Vorwissen und Ihre Erwartungen äußern können.

Anschließend bearbeiten Sie die Lernaufgaben. Zunächst beschäftigen Sie sich mit der Situation, machen sich deutlich, worum es geht. Hier erhalten Sie nun eine systematische Anleitung zur Informationsbeschaffung und -verarbeitung, um sich das normgerechte Tastschreiben anzueignen. Neue Software-Funktionen können Sie im Funktionsteil nachschlagen.

Übungstexte und -aufgaben vertiefen die normgerechte Schreibsicherheit und -fertigkeit.

Zur schnelleren Übersicht steht ein Funktionsjournal zur Verfügung, in das Sie Ihre Vorgehensweise beim Arbeiten mit dem Textverarbeitungsprogramm Word dokumentieren.

Am Ende der Lernsituation sollen Sie zur Selbsteinschätzung angeregt werden. Hier reflektieren Sie Ihren Kompetenzzuwachs (Fach-, Methoden-, Personal- und Sozialkompetenzen) sowie persönliche Entwicklungen und Vorsätze.

Wir hoffen, dass Sie mit dem Arbeitsheft zu fruchtbaren Arbeitsergebnissen gelangen und viel Spaß beim Lernen haben. Den Lehrenden wünschen wir Kraft und Zuversicht beim Einführen dieser Lernarrangements. Ihr Durchhaltevermögen wird belohnt, wenn die Lernenden erkannt haben, wie abwechslungsreich und herausfordernd innerhalb Lernarrangements gearbeitet werden kann.

Trier, Oktober 2012

Ulrike Brämer und Karin Blesius

Erläuterungen der Lernarrangements

| Kompetenzen | Zu Beginn einer jeden Lernsituation werden die zu vermittelnden **Fachkompetenzen** aufgeführt. |

| Inhalte | Die **Inhalte** sind gemäß den Lehrplänen für die Tastaturschulung. |

| Methoden | Die Lernenden werden mit einigen **Methoden** für Arbeits- und Lerntechniken vertraut gemacht. |

| Ressourcen | Die **Ressourcen**, wie z. B. Lernprogramme, Internet, Duden etc., dienen dem Schüler als Arbeitsmittel. Sie informieren neben den Informationsblättern und Funktions-Nachschlagewerken. |

 Einstieg: Die Einstimmung auf eine Lernsituation erfolgt durch ein Brainstorming. Anhand von Begriffen und Zeichen können sich die Lernenden frei zu den Inhalten der Lernsituation äußern und ihr Vorwissen artikulieren.

 Lernaufgabe: Zu Beginn steht eine authentische **Situation**. Die Lernenden lesen die Situation und konkretisieren in eigenen Worten den Inhalt.

 Der **Arbeitsauftrag** wird schrittweise in Einzel- oder Partnerarbeit innerhalb eines festgelegten Zeitrahmens erledigt. Die Lernenden lesen die Arbeitsschritte, wiederholen sie – zumindest bei den ersten Arbeitsaufträgen – in eigenen Worten und bearbeiten sie selbstständig.

 Hausaufgabe!

Erläuterungen der Lernarrangements

 In den **Übungen** soll die Schreibsicherheit und -fertigkeit und die Anwendung der DIN-Regeln geübt werden. Andererseits schulen die Lernenden die Arbeitstechniken des gezielten Lesens, des gehirngerechten Markierens und das Strukturieren eines Textes.

 Im **Funktionsjournal** wird die Arbeitsweise in Word fixiert. Die eigene optimale Vorgehensweise wird angekreuzt und als Text, Zeichnung oder Tastenangabe dokumentiert.

 Bei der Erledigung des Arbeitsauftrages werden neue Funktionen in Word erarbeitet. Die Menüschritte, Symbole, Shortcuts oder Vorgehensweise dazu entnehmen die Lernenden dem **Nachschlagewerk für Word.**

 Am Ende einer Lernsituation reflektieren die Lernenden die erworbenen Fach-, Sozial-, Methoden- und Personalkompetenzen. Durch die **Reflexion** erkennen sie ihre Stärken/Schwächen, Lernfortschritte/Lernstagnation und Gefühlsschwankungen. Hier ist nach jeder Lernsituation ein Schüler-Lehrer-Gespräch fördernd.

Inhaltsverzeichnis

1. Lernsituation: Texte professionell erfassen

Phasen

Inhaltsverzeichnis

2. Lernsituation: Texte normgerecht erfassen

Inhaltsverzeichnis

3. Softwarefunktionen

Texte professionell erfassen

Kompetenzen

- Aufbau eines Textverarbeitungs-programms erschließen und dessen Funktionen handhaben
- Tastschreiben erlernen
- Tastschreiben anwenden

Inhalte

- Benutzeroberfläche
- Dateneingabe
- Dateibearbeitung
- Tastaturschulung
- Geläufigkeitsübungen
- Schreibtraining

Methoden

- Rasch und gezielt lesen
- Gehirngerecht markieren
- Verantwortung übernehmen

Ressourcen

- Tastatur-Lernprogramm fiellascript
- Textverarbeitungsprogramm
- Funktionsjournal
- Lernjournal – Reflexion
- Duden

E? Brainstorming

Was verbinden Sie gedanklich mit folgenden Begriffen?

Tastatur		Laptop		Finger	
					Beruf
	Büro		Zeit		
		ABC			Brief
Blind				Computer	

Texte professionell erfassen

L? 1.1 Lernaufgabe

Heute wird sowohl in der Schule als auch in fast jedem Beruf erwartet, dass das Tastschreiben beherrscht wird. Mithilfe dieser Kompetenz kann ich effektiver für alle Bereiche Dokumente erstellen.

Daher eigne ich mir die sichere Bedienung der Tastatur und grundlegende Funktionen des Schreibprogramms an. Damit ich nicht wie ein Laie vor der Tastatur sitze und mit zwei Fingern die Buchstaben suche, lerne ich zunächst sehr intensiv das **10-Finger-Tastschreiben.**

Lernelement 1
Grundstellung

60 Minuten

A! Arbeitsauftrag

1. **Legen** Sie das nachfolgende Tastaturschema bei allen Übungen neben sich.

2. **Lesen** Sie die Erläuterungen zu den Systemspalten 1 bis 7 der Kopfleiste (Seite 9).

3. **Informieren** Sie sich auf den folgenden Seiten über Lernelement 1 (lesen, markieren).

4. **Schauen** Sie sich die Lage der Buchstaben auf Ihrem Tastaturschema an.

5. **Kreuzen** Sie die Lagebezeichnung in der Systemübung zum Lernelement 1 an. Beachten Sie die Arbeitsweise – immer von links nach rechts.

6. **Knicken** Sie die Spalte 1 so um, dass die Buchstaben nicht mehr erkennbar sind.

7. **Führen** Sie die Kontrolle in Spalte 7 durch und vergleichen Sie anschließend mit der Spalte 1.

8. **Öffnen** Sie Ihr TV-Programm (siehe TV-Funktionsteil).

9. **Schreiben** Sie von jedem Wort (Übung Seite 11) in der Schrift Courier New eine Zeile, anschließend mehrmals die ganze Zeile, dabei schauen Sie nur auf die Vorlage.

10. **Speichern** Sie Ihre Datei unter LE 1 ab (siehe TV-Funktionsteil).

11. **Schließen** Sie die Datei (siehe TV-Funktionsteil).

12. **Trainieren** Sie Lernelement 1 auf der E-Learning-Plattform: z. B. www.it-module.de

H! Hausaufgaben

Üben Sie die Zeilen zu Lernelement 1 auf Seite 50 so lange, bis Sie drei Zeilen in drei Minuten schreiben.

Deutsche Tastatur für die Daten- und Textverarbeitung

(DIN 2137 – Teil 2 – Bretttastatur)

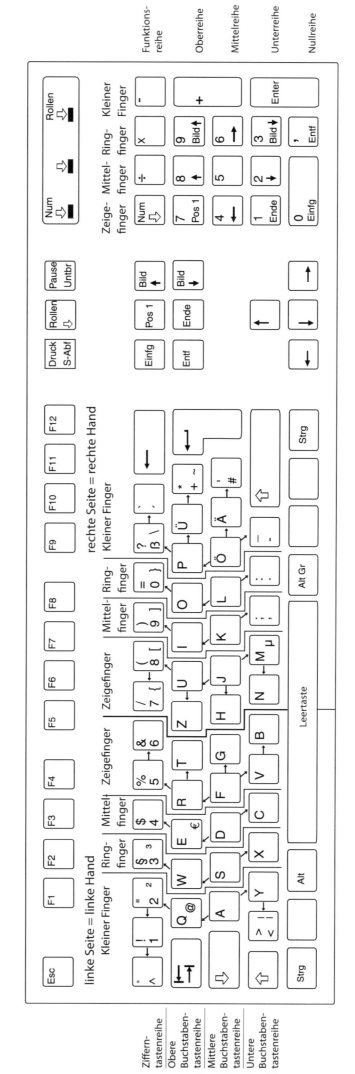

Grundstellung linke Hand = a - s - d - f

Grundstellung rechte Hand = j - k - l - ö

© SOL-Verlag GmbH

5

Deutsches Tastaturschema – DIN 2137 – Brettastatur

linke Seite = linke Hand

rechte Seite = rechte Hand

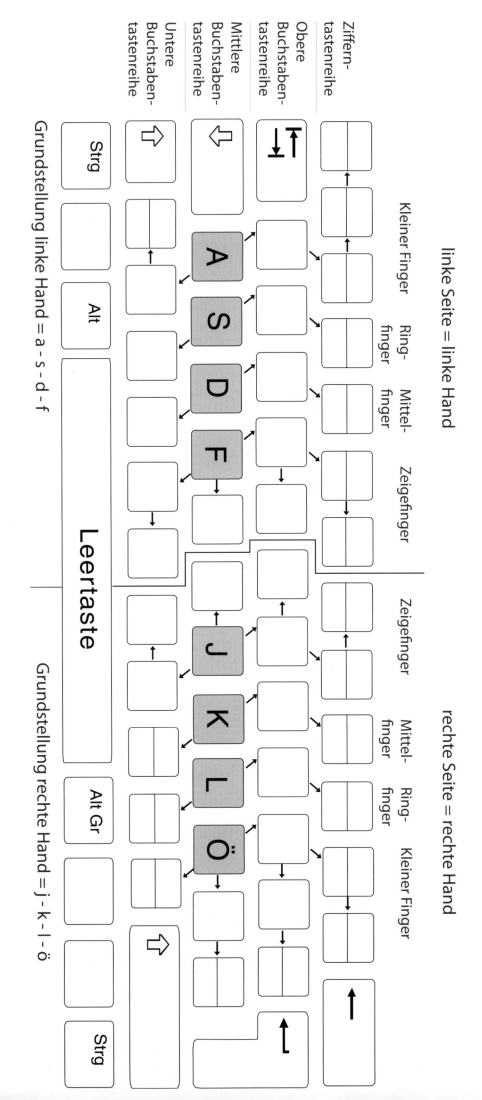

Ziffern-
tastenreihe

Obere
Buchstaben-
tastenreihe

Mittlere
Buchstaben-
tastenreihe

Untere
Buchstaben-
tastenreihe

Kleiner Finger | Ring-
finger | Mittel-
finger | Zeigefinger

Zeigefinger | Mittel-
finger | Ring-
finger | Kleiner Finger

Grundstellung linke Hand = a - s - d - f

Grundstellung rechte Hand = j - k - l - ö

Tastaturseite	Um-schaltung	Kleiner Finger	Ring-finger	Mittel-finger	Zeige-finger	Mittelreihe						Spreizgriff	Kontrolle
						Grund-stellung	Mittel-reihe	Ober-reihe	Unter-reihe	Ziffern-reihe		links	rechts	

	links	rechts	links	rechts							links	rechts	
Buch-staben													
Ziffern													
Zeichen													
	1	2	3	4			5				6		7

Die nebenstehende Kopfleiste bietet eine
Orientierungshilfe beim Ankreuzen.

Diese Leiste soll beim Arbeiten deckungs-
gleich nach unten geschoben werden.

Deutsche Tastatur für die Daten- und Textverarbeitung

(DIN 2137, Teil 13 – Geteilte und abgewinkelte Tastaturen – „Ergonomische Tastaturen")

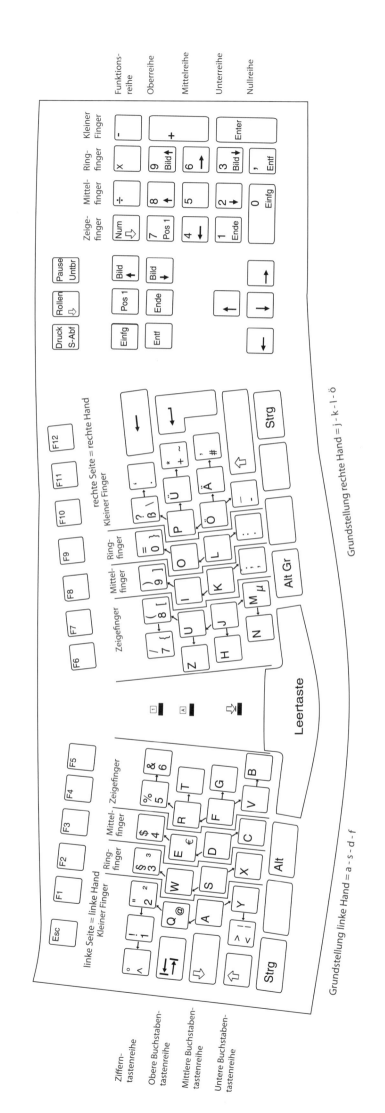

Deutsches Tastaturschema – DIN 2137 – Ergonomische Tastatur

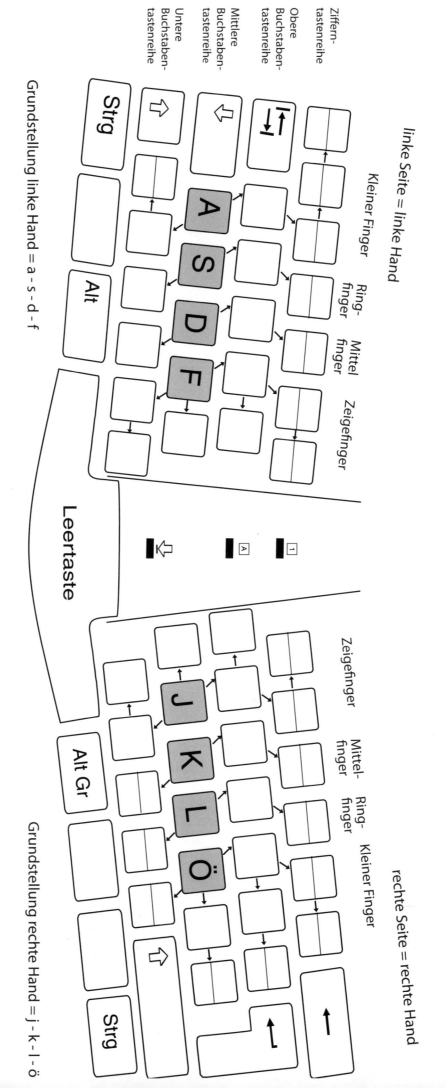

linke Seite = linke Hand

rechte Seite = rechte Hand

Kleiner Finger

Ring-finger

Mittel finger

Zeigefinger

Zeigefinger

Mittel-finger

Ring-finger

Kleiner Finger

Ziffern-tastenreihe

Obere Buchstaben-tastenreihe

Mittlere Buchstaben-tastenreihe

Untere Buchstaben-tastenreihe

Grundstellung linke Hand = a - s - d - f

Grundstellung rechte Hand = j - k - l - ö

Leertaste

Die nebenstehende Kopfleiste bietet eine Orientierungshilfe beim Ankreuzen.

Diese Leiste soll beim Arbeiten deckungs-gleich nach unten geschoben werden.

Tastaturseite	Um-schaltung	Kleiner Finger	Ring-finger	Mittel-finger	Zeige-finger	Mittelreihe		Ober-reihe	Unter-reihe	Ziffern-reihe	Spreizgriff	Kontrolle
						Grund-stellung	Mittel-reihe					
Buch-staben Ziffern Zeichen	links rechts									links rechts		
Buch-staben	links											
Ziffern Zeichen	rechts											
1	2 3	4				5				6		7

Erläuterungen zu den Systemspalten 1 bis 7 der Kopfleiste

Buchstaben Ziffern Zeichen	Tastaturseite		Umschaltung		Kleiner Finger	Ring-finger	Mittel-finger	Zeige-finger	Mittelreihe		Ober-reihe	Unter-reihe	Ziffern-reihe	Spreizgriff		Kontrolle
	links	rechts	links	rechts					Grund-stellung	Mittel-reihe				links	rechts	
1	2		3		4				5					6		7
a	✕				✕				✕							*a*
z		✕						✕			✕			✕		*z*
c	✕			✕			✕					✕				*C*

Spalte 1 Hier sind die zu lernenden Schriftzeichen des Lernelementes vorgegeben.

Spalte 2 In dieser Spalte wird die Tastaturseite angekreuzt, auf der dieses Schriftzeichen liegt.

Spalte 3 Für das Schreiben von Großbuchstaben und einiger Zeichen muss zusätzlich der Umschalter betätigt werden. Liegt das Schriftzeichen auf der linken Seite der Tastatur, so wird der Umschalter auf der rechten Tastaturseite bedient und das Kreuz folgerichtig in Spalte 3 = r (rechts) eingetragen. Liegt das Schriftzeichen auf der rechten Seite der Tastatur, so ist der Umschalter mit der linken Hand zu bedienen und entsprechend das Kreuz in Spalte 3 = l (links) zu setzen.

Spalte 4 Hier wird das Kreuz für den Finger, der den Anschlag ausführen soll, gesetzt.

Spalte 5 Die waagerechte Lage der Schriftzeichen wird durch Ankreuzen der entsprechenden Reihe erarbeitet. Die Grundstellung liegt in der mittleren Buchstabentastenreihe. Sie hat für das Schreiben im 10-Finger-Tastsystem eine besondere Bedeutung und wird deshalb herausgestellt.

Spalte 6 Die Ring- und Mittelfinger gehen im Bewegungsablauf nur halb links nach oben oder halb rechts nach unten. Die Zeigefinger und kleinen Finger müssen ferner auch den Bewegungsablauf nach rechts bzw. links durchführen. Das sind die Spreizgriffe.

Spalte 7 Wenn die Systemübungen eines Lernelementes vollständig erarbeitet wurden, dann ist die entsprechende Seite an der markierten Linie abzuknicken, damit die Spalte 1 nicht einsehbar ist. Jetzt erfolgt zur Kontrolle der erlernten Überlegungsabläufe die Bearbeitung der Systemübungen in umgekehrter Reihenfolge. Aus den Kreuzen ist nun das entsprechende Schriftzeichen zu ermitteln und in Spalte 7 einzutragen. Am Ende der Seite angekommen, sollte unbedingt die Spalte 1 mit der Spalte 7 (Kontrolle der durchgeführten Überlegungsabläufe) verglichen werden. Falls sich ein Fehler eingeschlichen hat, bitte nicht vergessen zu korrigieren!

Die so beschriebene Lernkontrolle ist für jedes Lernelement unmittelbar nach Bearbeitung durchzuführen.

Lernelement 1

Grundstellung
a s d f   j k l ö

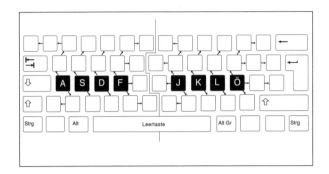

Die Ausgangsposition zum Erlernen des 10-Finger-Tastschreibens ist die **Grundstellung.** Von der Grundstellung aus erfolgt der Bewegungsablauf der einzelnen Finger auf der Tastatur. Die Richtung ist durch Pfeile im Tastaturschema gekennzeichnet. Die Pfeilrichtungen verlaufen von der Grundstellung aus nach oben und unten. Die waagerechten Pfeile stellen die Richtung der Spreizgriffe dar.

Die Grundstellung befindet sich in der mittleren Buchstabentastenreihe der Tastatur.

Aus dem Tastaturschema am Anfang des Lernbegleiters sind die weiteren offiziellen Bezeichnungen, wie Zifferntastenreihe, zu entnehmen, die jedoch in den Systemübungen nur in Kurzform – z. B. in Spalte 5 Ziffernreihe – angegeben werden.

Durch die senkrechte und waagerechte Aufteilung der Tastatur ergibt sich für jede Taste eine genaue Lagebezeichnung, die sich aus verschiedenen Teilinformationen ergibt: *Tastaturseite, Finger und Tastenreihe.*

Spalte 1	Spalte 2	Spalte 3	Spalte 4	Spalte 5	Spalte 6
a	= linke Seite		kleiner Finger	Grundstellung	
s	= linke Seite		Ringfinger	Grundstellung	
d	= linke Seite		Mittelfinger	Grundstellung	
f	= linke Seite		Zeigefinger	Grundstellung	
ö	= rechte Seite		kleiner Finger	Grundstellung	
l	= rechte Seite		Ringfinger	Grundstellung	
k	= rechte Seite		Mittelfinger	Grundstellung	
j	= rechte Seite		Zeigefinger	Grundstellung	

Diese Lagebezeichnungen sind für die Systemübungen als Überlegungsabläufe vorgegeben. Mehrfach wiederkehrende Überlegungsabläufe prägen sich im Gedächtnis ein und entwickeln so die **Bewegungsvorstellung** für jeden Buchstaben, jede Ziffer und jedes Zeichen von der Grundstellung aus.

Jetzt ist zunächst die Seite 11 zu bearbeiten. Ratsam ist, dazu auch die Lage des neuen Schriftzeichens auf dem Tastaturschema bzw. auf der Tastatur zu vergleichen.

Den Überlegungsablauf für das in Spalte 1 vorgegebene Schriftzeichen lesen, merken und die Kreuze in die entsprechenden Spalten setzen. Besonders wichtig ist, dabei immer von links nach rechts vorzugehen, also in der Reihenfolge des Überlegungsablaufes. **So prägt sich dieser geschlossen ein.**

Abschließend keinesfalls die Kontrolle vergessen!

Systemübung zu Lernelement 1

Buch-staben Ziffern Zeichen	Tastaturseite links	Tastaturseite rechts	Um-schaltung links	Um-schaltung rechts	Kleiner Finger	Ring-finger	Mittel-finger	Zeige-finger	Mittelreihe Grund-stellung	Mittelreihe Mittel-reihe	Ober-reihe	Unter-reihe	Ziffern-reihe	Spreizgriff links	Spreizgriff rechts	Kontrolle
1	2		3		4				5					6		7
a	✕			✕	✕				✕							a
s	✕			✕		✕			✕							s
d	✕			✕			✕		✕							d
f	✕			✕				✕	✕							f
ö		✕	✕		✕				✕							ö
l		✕	✕			✕			✕							l
k		✕	✕				✕		✕							k
j		✕	✕					✕	✕							j
f	✕			✕				✕	✕							a
d	✕			✕			✕		✕							a
s	✕			✕		✕			✕							d
a	✕			✕	✕				✕							s
j	✕	✕	✕					✕	✕							k
k		✕	✕			✕	✕		✕							l
l		✕	✕			✕			✕							ö
ö		✕	✕		✕				✕							j
j		✕	✕					✕	✕							f
f	✕			✕				✕	✕							d
d	✕			✕			✕		✕							k
k		✕	✕			✕			✕							a
s	✕			✕		✕			✕							l
l		✕	✕			✕			✕							a
a	✕			✕	✕				✕							j
ö		✕	✕		✕				✕							s
a	✕			✕	✕				✕							k
j		✕	✕					✕	✕							d
s	✕			✕		✕			✕							a
k		✕	✕				✕		✕							
d	✕			✕			✕		✕							

Übung

als da las falls öd das all ja das las öd falls als ja das all

L? 1.2 Lernaufgabe

Das erste Lernelement habe ich geschafft. Die Grundstellung ist mir nun geläufig. Zuerst überlege ich die Tastaturseite, dann den Finger und zum Schluss die Tastenreihe. Ich kreuze immer jeden Buchstaben fertig an, also immer waagerecht.

Nun bin ich gespannt, wie es weitergeht.

Lernelement 2
Großschreibung und mittlere Tastenreihe

60 Minuten

A! Arbeitsauftrag

1. **Schreiben** Sie sich mit der Hausaufgabe ein.
2. **Schreiben** Sie nach Zeit (drei Zeilen in drei Minuten).
3. **Informieren** Sie sich über Lernelement 2.
4. **Tragen** Sie die Buchstaben auf Ihrem Tastaturschema ein.
5. **Kreuzen** Sie die Lagebezeichnung in der Systemübung zum Lernelement 2 an. Beachten Sie die Informationen zur Großschreibung und zum Spreizgriff.
6. **Führen** Sie die Kontrolle in Spalte 7 durch und vergleichen Sie anschließend mit der Spalte 1.
7. **Öffnen** Sie in Ihrem TV-Programm Ihre Datei LE 1.
8. **Stellen** Sie den Cursor unter den Text (Strg + Ende).
9. **Schreiben** Sie von jedem Wort (Übung Seite 15) in der Schrift Courier New eine Zeile – anschließend mehrmals die ganze Zeile.
10. **Speichern** Sie Ihre Datei unter LE 2 ab.
11. **Erstellen** Sie auf Ihrem Speichermedium (z. B. Diskette, USB-Stick) einen Ordner „Texte professionell erfassen" (siehe Funktionsteil-Dateiverwaltung).
12. **Verschieben** Sie Ihre bisher gespeicherten Daten in diesen Ordner.
13. **Trainieren** Sie Lernelement 2 auf Ihrer E-Learning-Plattform.

H! Hausaufgaben

Üben Sie die Zeilen zu Lernelement 2 auf Seite 50 so lange, bis Sie drei Zeilen in drei Minuten schreiben.

Lernelement 2

Tastwege: g, h, ä
Einführung Großschreibung
Mittlere Tastenreihe

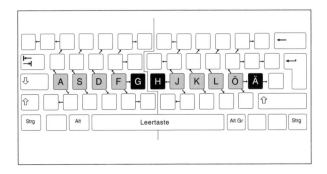

Die **Grundstellung** – als Grundlage des 10-Finger-Tastschreibens – wurde im vorhergehenden Lernelement erarbeitet. Die weiteren Überlegungsabläufe beschreiben die Richtung aus der Grundstellung, um die Buchstaben, Ziffern und Schriftzeichen sicher ertasten zu können. Die Buchstaben g, h, ä gehören zur **mittleren Buchstabentastenreihe**, aber **nicht** zur Grundstellung. Sie werden von der Grundstellung aus durch den Spreizgriff nach links bzw. rechts erreicht.

Im Tastaturschema sind die Tastwege der Finger – **von der Grundstellung aus** – durch Pfeile gekennzeichnet.

Zum Schreiben von Großbuchstaben und Schriftzeichen wird der linke oder rechte Umschalter (Shift-Taste = ⇧) bedient. Soll ein Großbuchstabe auf der linken Tastaturseite geschrieben werden, dann bedient der kleine Finger der rechten Hand den Umschalter ⇧ und umgekehrt:

U l	steht für Umschaltung links	*Siehe ggf. Erklärungen zur Systemspalte 3 auf Seite 9*
U r	steht für Umschaltung rechts	

Spalte 1	Spalte 2	Spalte 3	Spalte 4	Spalte 5	Spalte 6
g	= linke Seite		Zeigefinger	Mittelreihe	rechts
G	= linke Seite	U r	Zeigefinger	Mittelreihe	rechts
h	= rechte Seite		Zeigefinger	Mittelreihe	links
H	= rechte Seite	U l	Zeigefinger	Mittelreihe	links
ä	= rechte Seite		kleiner Finger	Mittelreihe	rechts
Ä	= rechte Seite	U l	kleiner Finger	Mittelreihe	rechts
A	= linke Seite	U r	kleiner Finger	Grundstellung	
S	= linke Seite	U r	Ringfinger	Grundstellung	
D	= linke Seite	U r	Mittelfinger	Grundstellung	
F	= linke Seite	U r	Zeigefinger	Grundstellung	
J	= rechte Seite	U l	Zeigefinger	Grundstellung	
K	= rechte Seite	U l	Mittelfinger	Grundstellung	
L	= rechte Seite	U l	Ringfinger	Grundstellung	
Ö	= rechte Seite	U l	kleiner Finger	Grundstellung	

Systemübung zu Lernelement 2

Buch-staben Ziffern Zeichen	Tastaturseite		Um-schaltung		Kleiner Finger	Ring-finger	Mittel-finger	Zeige-finger	Mittelreihe		Ober-reihe	Unter-reihe	Ziffern-reihe	Spreizgriff		Kontrolle
	links	rechts	links	rechts					Grund-stellung	Mittel-reihe				links	rechts	
1	2		3		4				5					6		7
g	X			X				X		X					X	
h		X	X					X		X				X		
ä		X	X		X					X						X
g	X			X				X		X						X
ä		X	X		X					X						X
h		X	X					X		X				X		
g	X							X		X					X	
H		X	X					X		X				X		
G	X			X				X		X					X	
F	X			X				X	X							
D	X			X			X		X							
S	X			X	X				X							
A	X			X	X				X							
J		X		X				X	X							
K		X	X				X		X							
L		X	X			X			X							
Ö		X	X		X				X							
Ä		X	X					X		X					X	
H		X						X		X				X		
G	X			X				X		X					X	
h		X	X					X		X				X		
a	X			X	X				X							
d	X			X		X	X									
s	X			X		X			X							
k		X	X				X		X							
G	X			X				X		X					X	
H		X	X					X		X				X		
Ä		X	X		X					X					X	

Übung

sah sag Hall Gas das Haff Jagd Hass Jäh das Glas Skala Hals All

L? 1.3 Lernaufgabe

Das zweite Lernelement liegt hinter mir. Die Grundstellung, die Großschreibung und die Buchstaben der mittleren Buchstabentastenreihe habe ich mir eingeprägt. Wird der Großbuchstabe mit der linken Hand getastet, so bedient der kleine Finger der rechten Hand die SHIFT-Taste. Die Buchstaben in der mittleren Buchstabentastenreihe werden von der Grundstellung aus durch den Spreizgriff nach links bzw. rechts erreicht.

Nun verlasse ich die Grundstellung und taste in die Ober- und Unterreihe. Nach dem Anschlag der Taste kehre ich immer in die Grundstellung zurück.

Lernelement 3
Tastwege e, c, i, Komma und Semikolon

60 Minuten

A! Arbeitsauftrag

Einzelarbeit

1. **Schreiben** Sie sich mit der Hausaufgabe ein – **trainieren** Sie nach Zeit.

Plenumsarbeit

2. **Überprüfen** Sie Ihre Kenntnisse über die Lage der Buchstaben, indem Sie sich gegenseitig die Bewegungsabläufe abfragen.

Einzelarbeit

3. **Informieren** Sie sich über Lernelement 3.

4. **Tragen** Sie die Buchstaben in Ihrem Tastaturschema ein.

5. **Kreuzen** Sie die Lagebezeichnung in der Systemübung zum Lernelement 3 an.

6. **Führen** Sie die Kontrolle in Spalte 7 durch und vergleichen Sie anschließend mit der Spalte 1.

7. **Öffnen** Sie in Ihrem TV-Programm Ihre Datei LE 2.

8. **Stellen** Sie den Cursor unter den Text (Strg + Ende).

9. **Schreiben** Sie von jedem Wort in der Schrift Courier New eine Zeile – anschließend mehrmals die ganze Zeile.

10. **Speichern** Sie Ihre Datei unter LE 3 ab.

11. **Trainieren** Sie Lernelement 3 auf Ihrer E-Learning-Plattform.

H! Hausaufgaben

Üben Sie die Zeilen zu Lernelement 3 auf Seite 50 so lange, bis Sie drei Zeilen in drei Minuten schreiben.

Lernelement 3

Tastwege: e, c, i,
Komma – Semikolon,
Mittelfinger

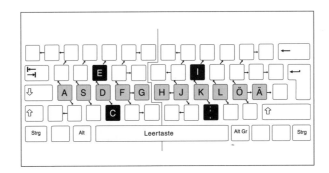

Im Lernelement 3 werden die Tasten im Bereich des Tastaturschemas, Buchstaben und Zeichen, die mit den **Mittelfingern** bedient werden, erarbeitet. Die Tastwege der Finger sind durch Pfeile im Tastaturschema kenntlich gemacht.

Spalte 1	Spalte 2	Spalte 3	Spalte 4	Spalte 5	Spalte 6
e	= linke Seite		Mittelfinger	Oberreihe	
E	= linke Seite	U r	Mittelfinger	Oberreihe	
c	= linke Seite		Mittelfinger	Unterreihe	
C	= linke Seite	U r	Mittelfinger	Unterreihe	
i	= rechte Seite		Mittelfinger	Oberreihe	
I	= rechte Seite	U l	Mittelfinger	Oberreihe	
,	= rechte Seite		Mittelfinger	Unterreihe	
;	= rechte Seite	U l	Mittelfinger	Unterreihe	

Bezeichnungen:
, = Komma (Beistrich)
; = Semikolon

Systemübung zu Lernelement 3

Buch-staben Ziffern Zeichen	Tastaturseite		Um-schaltung		Kleiner Finger	Ring-finger	Mittel-finger	Zeige-finger	Mittelreihe		Ober-reihe	Unter-reihe	Ziffern-reihe	Spreizgriff		Kontrolle
	links	rechts	links	rechts					Grund-stellung	Mittel-reihe				links	rechts	
1	2		3		4				5					6		7
e	X			X			X				X					e
i		X	X				X				X					i
c	X			X			X					X				c
,		X	X				X					X				,
;		X	X				X					X				;
c	X			X			X					X				c
e	X			X			X				X					e
,		X	X				X					X				,
c	X			X			X				X					c
i		X	X				X				X					i
e	X			X			X				X					e
;		X	X				X					X				;
I		X	X				X				X					I
C	X			X			X					X				C
E	X			X			X				X					E
,		X		X			X					X				,
c	X			X			X					X				c
e	X			X			X				X					e
;		X		X			X					X				;
i		X	X				X				X					i
c	X			X			X					X				c
i		X		X			X				X					i
E	X			X			X				X	X				E
C	X			X			X				X	X				C
I		X	X				X				X					I
;		X	X				X					X				;
c	X			X			X					X				c
i		X	X				X					X				i
e	X			X			X				X					e

Übung

Die Satzzeichen werden direkt hinter das Wort geschrieben. Anschließend folgt ein Leerzeichen.

```
leise, eilig, sie, lief, dich, sich, dick; Igel, Esel, Scheck;
```

Kontrolle zu Lernelement 1 bis 3

Buch-staben Ziffern Zeichen	Tastaturseite		Um-schaltung		Kleiner Finger	Ring-finger	Mittel-finger	Zeige-finger	Mittelreihe		Ober-reihe	Unter-reihe	Ziffern-reihe	Spreizgriff		Kontrolle
	links	rechts	links	rechts					Grund-stellung	Mittel-reihe				links	rechts	
1	2		3		4				5					6		7
f	X			X				X	X							
s	X			X			X		X							
j		X	X					X	X							
ö		X	X		X				X							
i		X	X				X			X						
e	X			X			X			X						
c	X			X			X			X						
,		X	X				X			X						
k		X	X				X		X							
ö		X			X				X							
a	X			X	X				X							
Ä	X			X	X				X							
Ä		X	X		X					X						
K		X	X				X		X							
G	X			X		X			X							
c	X			X			X		X							
E	X						X		X	X						
;		X					X			X						
S	X					X		X	X							
F	X						X		X							
C	X						X			X						
I		X					X			X						
S	X					X			X							
K		X				X			X							
J		X						X	X							
,						X	X			X						
G	X					X										
d	X					X										
g	X															
h		X														
ä		X														
L		X														

© fiellascript Verlag
Dieses Lernprogramm ist urheberrechtlich geschützt.
Dieser Schutz erstreckt sich auch auf Kombinationsänderungen.

L? 1.4 Lernaufgabe

Nun habe ich schon drei Lernelemente bearbeitet. Das Tastschreiben geht zwar noch langsam, aber ich bekomme immer mehr Sicherheit. Mein Blick ist nur auf die Vorlage gerichtet. Ich kenne die Lage der Buchstaben. Bei den folgenden Lernelementen wiederholt sich der Ablauf. Ich arbeite gewissenhaft. Zuerst das Ankreuzen, ganz wichtig die Kontrolle, und zum Schluss das Schreibtraining. Hier überlege ich zuerst: Tastaturseite – Umschaltung – Finger – Reihe – Spreizgriff.

Ich übernehme für meinen Erfolg die Verantwortung. Je mehr ich übe, umso sicherer werde ich.

Lernelemente 4 – 6
Tastwege w, o, x, Punkt und Doppelpunkt
r, u, v, m, t, z, b, n,

... Minuten

A! Arbeitsauftrag

Einzelarbeit

1. **Schreiben** Sie sich mit der Hausaufgabe ein – **trainieren** Sie nach Zeit.

Plenumsarbeit

2. **Überprüfen** Sie die Kenntnis über die Lage der Buchstaben, indem Sie sich gegenseitig die Bewegungsabläufe abfragen.

Einzelarbeit

3. **Informieren** Sie sich jeweils über das entsprechende Lernelement.

4. **Verfahren** Sie weiter wie in den Lernelementen 1 bis 3.

5. **Fügen** Sie in Ihrem letzten Dokument (LE 6) eine Kopfzeile ein.
   (Links: Name – Mitte: Lernelement – Rechts: Datum)

6. **Drucken** Sie dieses Ergebnis aus und heften Sie Ihr Dokument ab.

7. **Trainieren** Sie die entsprechenden Lernelemente auf der E-Learning-Plattform.

H! Hausaufgaben

Üben Sie die Zeilen zu den entsprechenden Lernelementen auf Seite 50 so lange, bis Sie fünf Zeilen in fünf Minuten schreiben.

Lernelement 4

Tastwege: w, x, o
Punkt, Doppelpunkt
Ringfinger

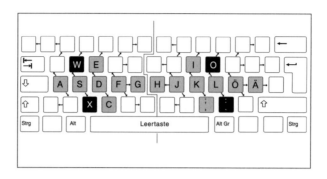

Im Lernelement 4 werden die Tasten im Bereich des Tastaturschemas, Buchstaben und Zeichen, die mit den **Ringfingern** bedient werden, erarbeitet. Die Tastwege der Finger sind durch Pfeile im Tastaturschema kenntlich gemacht.

Spalte 1	Spalte 2	Spalte 3	Spalte 4	Spalte 5	Spalte 6
w	= linke Seite		Ringfinger	Oberreihe	
W	= linke Seite	U r	Ringfinger	Oberreihe	
x	= linke Seite		Ringfinger	Unterreihe	
X	= linke Seite	U r	Ringfinger	Unterreihe	
o	= rechte Seite		Ringfinger	Oberreihe	
O	= rechte Seite	U l	Ringfinger	Oberreihe	
.	= rechte Seite		Ringfinger	Unterreihe	
:	= rechte Seite	U l	Ringfinger	Unterreihe	

Bezeichnungen:

. = Punkt

: = Doppelpunkt (Kolon)

24

Buch-staben Ziffern Zeichen	Tastaturseite		Um-schaltung		Kleiner Finger	Ring-finger	Mittel-finger	Zeige-finger	Mittelreihe		Ober-reihe	Unter-reihe	Ziffern-reihe	Spreizgriff		Kontrolle
	links	rechts	links	rechts					Grund-stellung	Mittel-reihe				links	rechts	
1	2		3		4				5					6		7
w																
x																
o																
.																
:																
w																
o																
W																
i																
O																
x																
:																
x																
o																
W																
X																
O																
X																
w																
.																
W																
O																
X																
:																
W																
O																
x																
O																
.																

Übung

Die Satzzeichen werden direkt hinter das Wort geschrieben. Anschließend folgt ein Leerzeichen.

wie, was, wo; fix, die Wolke, die Hexe; Sie lief. Silke schlief.

Lernelement 5

Tastwege: r, u, v, m, Zeigefinger

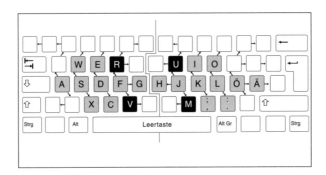

Im Lernelement 5 werden die Tasten im Bereich des Tastaturschemas, Buchstaben, die mit den **Zeigefin-gern** bedient werden, erarbeitet. Die Tastwege der Finger sind durch Pfeile im Tastaturschema kenntlich gemacht.

Spalte 1	Spalte 2	Spalte 3	Spalte 4	Spalte 5	Spalte 6
r	= linke Seite		Zeigefinger	Oberreihe	
R	= linke Seite	U r	Zeigefinger	Oberreihe	
v	= linke Seite		Zeigefinger	Unterreihe	
V	= linke Seite	U r	Zeigefinger	Unterreihe	
u	= rechte Seite		Zeigefinger	Oberreihe	
U	= rechte Seite	U l	Zeigefinger	Oberreihe	
m	= rechte Seite		Zeigefinger	Unterreihe	
M	= rechte Seite	U l	Zeigefinger	Unterreihe	

Systemübung zu Lernelement 5

Buch-staben Ziffern Zeichen	Tastaturseite		Um-schaltung		Kleiner Finger	Ring-finger	Mittel-finger	Zeige-finger	Mittelreihe		Ober-reihe	Unter-reihe	Ziffern-reihe	Spreizgriff		Kontrolle
	links	rechts	links	rechts					Grund-stellung	Mittel-reihe				links	rechts	
1	2		3		4				5					6		7
r	X			X				X			X					
u		X	X					X			X					
v	X			X				X				X				
m		X	X					X				X				
r	X			X				X			X					
m		X	X					X				X				
v	X			X				X				X				
u		X	X					X			X					
R	X			X				X			X					
U		X	X					X			X					
R	X			X				X			X					
V	X			X				X				X				
U		X	X					X			X					
M		X	X					X				X				
V	X			X				X				X				
F	X			X				X	X							
J		X	X					X	X							
M		X	X					X			X	X				
V	X			X				X				X				
f	X			X				X	X							
m		X	X					X				X				
r	X			X				X			X					
V	X			X				X				X				
e	X			X				X			X					
U		X	X					X			X					
m		X	X					X				X				
j		X						X	X							
R	X							X			X					
f	X							X	X							
v	X							X				X				

Übung

freie, frische, viele, vier, mehr, muss, ruhig, um, raus, auch,
der Reis, das Reh, der Vorfall, das Ufer, der Mais, die Flamme,

Lernelement 6

Tastwege: t, b, z, n,
Zeigefinger, Spreizgriff

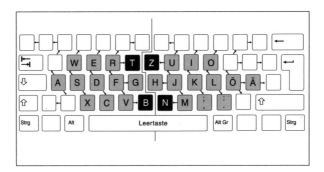

Im Lernelement 6 werden die Tasten im Bereich des Tastaturschemas, Buchstaben, die mit den **Zeige-fingern – Spreizgriff** bedient werden, erarbeitet. Die Tastwege der Finger sind durch Pfeile im Tastatur-schema kenntlich gemacht.

Die Tasten, die rechts bzw. links von den Buchstaben der Grundstellung liegen, werden durch **Spreiz-griffe** erreicht (siehe Pfeile im Tastaturschema).

Spalte 1	Spalte 2	Spalte 3	Spalte 4	Spalte 5	Spalte 6
t	= linke Seite		Zeigefinger	Oberreihe	rechts
T	= linke Seite	U r	Zeigefinger	Oberreihe	rechts
b	= linke Seite		Zeigefinger	Unterreihe	rechts
B	= linke Seite	U r	Zeigefinger	Unterreihe	rechts
z	= rechte Seite		Zeigefinger	Oberreihe	links
Z	= rechte Seite	U l	Zeigefinger	Oberreihe	links
n	= rechte Seite		Zeigefinger	Unterreihe	links
N	= rechte Seite	U l	Zeigefinger	Unterreihe	links

Systemübung zu Lernelement 6

Buch-staben Ziffern Zeichen	Tastaturseite		Um-schaltung		Kleiner Finger	Ring-finger	Mittel-finger	Zeige-finger	Mittelreihe		Ober-reihe	Unter-reihe	Ziffern-reihe	Spreizgriff		Kontrolle
	links	rechts	links	rechts					Grund-stellung	Mittel-reihe				links	rechts	
1	2		3		4				5					6		7
t	X			X				X		X					X	t
z		X	X					X		X				X		z
n		X	X					X				X		X		n
b	X			X				X				X			X	b
n		X	X					X				X		X		n
b	X			X				X		X					X	b
r	X			X				X		X						r
z		X	X					X				X		X		z
n		X	X					X		X				X		n
u		X	X					X				X				u
m		X	X					X		X						m
t	X			X				X		X						t
r	X			X				X				X				r
B		X	X					X		X	X			X		B
N		X	X					X		X				X		N
T	X			X				X							X	T
Z		X	X				X							X		Z
g	X			X				X				X				g
b	X		X	X				X				X			X	b
n		X	X				X					X		X		n
h		X	X					X				X				h
N		X	X					X				X		X		N
b	X			X				X		X					X	b
T	X			X				X				X			X	T
M		X	X					X		X						M
U		X	X					X		X						U
Z		X	X				X		X					X		Z
G	X			X				X		X						G
R	X			X				X		X				X		R
N		X	X					X		X				X		N

Übung

bei, bin, nun, nie, teilen, treten, ziehen, zögern, zerbrechen,
das Brett, der Boden, die Nieten, der Nagel, der Zug, der Zahn,

Kontrolle zu Lernelement 4 bis 6

Buch-staben Ziffern Zeichen	Tastaturseite		Um-schaltung		Kleiner Finger	Ring-finger	Mittel-finger	Zeige-finger	Mittelreihe		Ober-reihe	Unter-reihe	Ziffern-reihe	Spreizgriff		Kontrolle
									Grund-stellung	Mittel-reihe						
1	links	rechts	links	rechts										links	rechts	7
	2		3		4				5					6		
w	X			X		X					X					w
x	X			X		X						X				x
s	X			X		X			X							s
o		X	X			X					X					o
.		X	X			X						X				.
l		X	X	X		X			X							l
r	X			X				X			X					r
v	X			X				X				X				v
u		X	X					X			X					u
m		X	X					X				X				m
j		X	X					X	X							j
F	X			X				X	X							F
z		X	X					X			X			X		z
b		X	X					X				X			X	b
T	X			X				X			X				X	T
n		X	X					X				X			X	n
T	X			X				X			X			X		T
U		X	X					X			X					U
O		X	X			X					X					O
:		X	X			X						X				:
K		X	X				X		X							K
w	X			X		X					X					w
Z		X	X					X			X			X		Z
o		X	X			X					X					o
v	X			X				X				X				v
B		X	X					X				X			X	B
g	X			X				X	X							g
H		X	X					X	X	X					X	H
S	X		X			X			X					X		S
W	X		X			X	X					X				W
X	X		X			X						X				X
E	X		X			X					X					E
.		X		X		X						X				.
U		X		X				X				X				U

Texte professionell erfassen

L? 1.5 Lernaufgabe

Nun muss ich nur noch die Bewegungsabläufe des kleinen Fingers erarbeiten. Hier muss ich darauf achten, dass der Buchstabe „ü" ein Spreizgriff ist. Zum ersten Mal taste ich in die Ziffernreihe zum „ß". Ich achte darauf, dass ich zur Orientierung die Zeigefinger als Stützfinger auf der Grundstellung aufliegen lasse.

Lernelement 7
Tastwege q, p, y, ü, ß, Mittestrich und Grundstrich

... Minuten

A! Arbeitsauftrag

Einzelarbeit

1. **Schreiben** Sie sich mit der Hausaufgabe ein - *trainieren* Sie nach Zeit.

Plenumsarbeit

2. **Überprüfen** Sie die Kenntnis über die Lage der Buchstaben, indem Sie sich gegenseitig die Bewegungsabläufe abfragen.

Einzelarbeit

3. **Informieren** Sie sich über das Lernelement 7.

4. **Verfahren** Sie weiter wie in den vorangegangenen Lernelementen.

5. **Gestalten** Sie ein Merkblatt zur Anwendung des Mittestrichs (Seite 49).

6. **Drucken** Sie dieses Ergebnis aus und heften Sie Ihr Dokument ab.

7. **Fügen** Sie mithilfe Ihres Merkblattes an den erforderlichen Stellen (◆) den Mittestrich normgerecht ein.

   Am Postamt Trier◆Süd gingen wir zuerst zur Paketannahme und ◆ausgabe. Unsere Kanzleiräume befinden sich nun in der Karl◆Marx◆Straße.
   Im Endspiel der Fußball◆Weltmeisterschaft spielte Italien◆Frankreich.
   Wir bieten Sprachreisen an, um Englisch◆eine Weltsprache◆zu erlernen.
   Weitere Reiseziele zum Erlernen einer Fremdsprache sind: ◆Frankreich◆Spanien◆Portugal. Die CD◆ROM gehört zu den optischen Speichermedien.
   Die Zugstrecke Duisburg◆Krefeld wurde vorsorglich für den Bahnverkehr gesperrt.

8. **Kontrollieren** Sie im Plenum Ihre Übungsaufgabe zum Mittestrich - korrigieren Sie ggf.

9. **Trainieren** Sie die Lernelemente 1 – 7 auf Ihrer E-Learning-Plattform.

Lernelement 7

*Tastwege: q, y, p,
Mittestrich, Grundstrich, ß, ü,
Kleiner Finger*

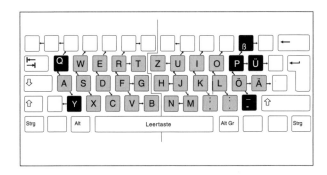

Im Lernelement 7 werden die Tasten im Bereich des Tastaturschemas, Buchstaben und Zeichen, die mit den **kleinen Fingern** bedient werden, erarbeitet. Die Tastwege der Finger sind durch Pfeile im Tastaturschema kenntlich gemacht.

Spalte 1	Spalte 2	Spalte 3	Spalte 4	Spalte 5	Spalte 6
q	= linke Seite		kleiner Finger	Oberreihe	
Q	= linke Seite	U r	kleiner Finger	Oberreihe	
y	= linke Seite		kleiner Finger	Unterreihe	
Y	= linke Seite	U r	kleiner Finger	Unterreihe	
p	= rechte Seite		kleiner Finger	Oberreihe	
P	= rechte Seite	U l	kleiner Finger	Oberreihe	
ü	= rechte Seite		kleiner Finger	Oberreihe	rechts
Ü	= rechte Seite	U l	kleiner Finger	Oberreihe	rechts
ß	= rechte Seite		kleiner Finger	Ziffernreihe	
– (Mi)	= rechte Seite		kleiner Finger	Unterreihe	
_ (Gr)	= rechte Seite	U l	kleiner Finger	Unterreihe	

Bezeichnungen:
– = Mittestrich (z. B. Bindestrich)
_ = Grundstrich

34

Systemübung zu Lernelement 7

Buchstaben Ziffern Zeichen	Tastaturseite links	Tastaturseite rechts	Umschaltung links	Umschaltung rechts	Kleiner Finger	Ringfinger	Mittelfinger	Zeigefinger	Mittelreihe Grundstellung	Mittelreihe Mittelreihe	Oberreihe	Unterreihe	Ziffernreihe	Spreizgriff links	Spreizgriff rechts	Kontrolle
1	2		3		4				5					6		7
q	X			X	X						X					
y	X			X	X						X					
p		X	X		X						X					
ß		X	X		X								X			
ü		X	X		X						X				X	
q	X			X	X						X					
y	X			X	X							X				
ß		X			X								X			
p		X	X		X						X					
- (Mi)		X	X		X							X				
_ (Gr)		X	X		X							X				
p		X	X		X						X					
ü		X	X		X						X					
ß		X			X								X			
q	X			X	X						X					
y	X			X	X							X				
- (Mi)		X	X		X							X				
Q	X			X	X						X					
P		X	X		X						X					
Ü	X			X	X						X				X	
_ (Gr)		X	X		X							X				
- (Mi)		X			X							X				
Ü		X	X		X						X				X	
P		X	X		X						X					
Y	X			X	X							X				
Q	X			X	X						X					
A	X			X	X				X							
_ (Gr)		X	X		X							X				
ß		X	X		X								X			

Übung

```
quer, quitt, paar, üben, Typen, Quittung, Pakete, Übung,
Ein- und Ausfuhr, Joseph-Haydn-Park, Büro-Offset-Drucke,
außer, Maßnahme, Straße, Dateiname: bürobedarf_produkte,
```

Die Anwendung des Mittestrichs

Schreiben Sie den **Bindestrich** ohne Leerzeichen (Hans-Georg). Die mit Bindestrich verbundenen Teile dürfen am Bindestrich nicht getrennt werden. Sie sind durch einen geschützten Bindestrich ([Strg] + [⇧] + Mittestrich) gegen einen unbeabsichtigten Zeilenumbruch zu sichern.

```
Friedrich-Schiller-Allee, Berlin-Tegel, Anna-Kathrin, Kfz-Papiere,
Friedrich-Schiller-Allee, Berlin-Tegel, Anna-Kathrin, Kfz-Papiere,
```

Beim **Ergänzungsstrich** steht das Leerzeichen vor oder hinter dem Mittestrich.

```
ein- und aussteigen, auf- und abgehen, Postein- und -ausgangsfach,
ein- und aussteigen, auf- und abgehen, Postein- und -ausgangsfach,
```

Beim **Gedankenstrich, Streckenstrich** und **Zeichen für „gegen"** steht davor und danach das Leerzeichen.

```
Dieses Bild°- es ist das älteste des Malers Dürer°- wird verkauft.
Dieses Bild°- es ist das älteste des Malers Dürer°- wird verkauft.
```

```
München°- Hamburg, Frankfurt°- Hannover°- Berlin, Köln°- Hannover,
München°- Hamburg, Frankfurt°- Hannover°- Berlin, Köln°- Hannover,
```

```
Das Spiel Schulze°- Müller wurde auf den kommenden Montag verlegt.
Das Spiel Schulze°- Müller wurde auf den kommenden Montag verlegt.
```

Der Mittestrich als **Aufzählung**

```
Der Mittestrich wird verwendet:

-     als Streckenstrich
-     als Ergänzungsbindestrich
-     als Zeichen für gegen
-     als Gedankenstrich
-     als Silbentrennungsstrich
-     …
```

Texte professionell erfassen

L? 1.6 Lernaufgabe

Beim Erstellen von Texten ist es für mich wichtig, dass ich ohne Tipp- aber auch ohne Rechtschreibfehler schreibe. Deshalb frische ich meine Regelkenntnisse zu ss/ß und das/dass auf.

Welche Richtlinien gibt der Duden zur Schreibweise von ß/ss bzw. das/dass?

A! Arbeitsauftrag

Einzelarbeit

1. **Informieren** Sie sich auf Seite 38 zur Schreibweise von ss/ß.

2. **Füllen** Sie die Lücken mithilfe der Silben aus.

3. **Notieren** Sie auf einem Blatt zu jeder Regel drei Beispiele.

Partnerarbeit

4. **Kontrollieren** Sie Ihre/n Mitschüler/in. **Diktieren** Sie ihr/ihm die Beispiele – sie/er schreibt sie am PC ab. **Wechseln** Sie sich ab.

Einzelarbeit

5. **Füllen** Sie zum Thema „das oder dass?" die Lücken aus.

6. **Schreiben** Sie die Beispielsätze regelkonform ab.

Partnerarbeit

7. **Vergleichen** Sie gegenseitig Ihre Schreibweisen in den Beispielsätzen.

8. **Notieren** Sie am PC zu jeder das- bzw. dass-Regel ein weiteres Beispiel.

9. **Drucken** Sie Ihre Beispiele aus.

Blitzlicht im Plenum (Ballwurf)

10. **Werfen** Sie den Ball einer/m Mitschüler/-in zu und nennen Sie ihr/ihm einen Begriff mit ss bzw. ß oder einen Satz mit das bzw. dass. Bei richtiger Antwort darf sie/er den Ball einem anderen zuwerfen und eine weitere Aufgabe stellen.

Texte professionell erfassen

!! ss oder ß

Füllen Sie die Lücken mit den folgenden Silben bzw. Wortteilen aus:

FREMD – ~~STA~~ – ~~LAN~~ – DOPPEL – GROSS – ~~ZEM~~ – ~~GEM~~ – ~~KUR~~ – LAUT – ~~BUCH~~ – WÖRTER – ~~BEN~~

Man schreibt **ß** für den stimmlosen s-Laut, nach _kurzem Laut_ Vokal oder _Buchstaben_, wenn im Wortstamm kein weiterer Konsonant folgt (Maße, außer).

Man schreibt **ss** für den stimmlosen s-Laut nach _langem_ Vokal (Masse).

Nur mit **s** werden die Bildungen auf „-nis" und bestimmte _Fremdwörter_ geschrieben, obwohl der Plural mit Doppel-s gebildet wird (Zeugnis, Atlas).

Bei Verwendung von _Gross_ steht SS für ß.

!! das oder dass?

a) Füllen Sie die Lücken mit den Wörtern auf: ~~Ersatzwörter~~, ~~Artikel~~, ~~Komma~~, ~~„dies/dieses"~~

Wenn **„das"** ein _Artikel_ vor einem Nomen ist, dann wird es mit **s** geschrieben.

Wenn für **„das"** das Wort _dies / dieses_ eingesetzt werden kann, dann wird es mit **s** geschrieben. Denn dann ist das „das" ein Begleiter.

Wenn für **„das"** das Wort „welches" eingesetzt werden kann – was meistens hinter dem _Komma_ der Fall ist – wird es mit **s** geschrieben.

Wenn beide _Ersatzwörter_ nicht eingesetzt werden können, muss **„dass"** mit **ss** geschrieben werden.

b) Beispielsätze:

Das(ss) ist der zweite Bus, den ich verpasse.
Das(ss) Ziel aller teilnehmenden Clubs war, das(ss) Finale zu erreichen.
Das(ss) der Gegner den Zweikampf gewann, das(ss) gefiel dem Trainer überhaupt nicht.
Mein Deutschheft, das(ss) da liegt, ist voll.

Kontrolle bis Lernelement 7

Buch-staben Ziffern Zeichen	Tastaturseite		Um-schaltung		Kleiner Finger	Ring-finger	Mittel-finger	Zeige-finger	Mittelreihe		Ober-reihe	Unter-reihe	Ziffern-reihe	Spreizgriff		Kontrolle
	links	rechts	links	rechts					Grund-stellung	Mittel-reihe				links	rechts	
1	2		3		4				5					6		7
f	X							X	X							*f*
e	X						X				X					*s*
s	X					X			X							
l		X				X			X							
p		X			X						X					
ü		X			X						X					
ß		X			X						X		X			
i		X					X				X					
t	X							X			X					
w	X					X					X					
Q	X				X						X					
Y	X				X							X				
P		X			X						X					
I		X					X				X					
F	X							X	X							
–		X			X							X				
m		X					X					X				
v	X							X				X				
x	X					X						X				
a					X				X							
R	X	X						X			X					
O		X				X					X					
P		X			X						X					
Ä	X				X					X						
S	X					X			X							
L		X				X			X							
D	X				X							X				
_					X						X	X				
K						X			X							
c	X					X						X				
.		X										X				
u		X			X			X				X				
x	X					X					X					
,		X			X							X				

Texte professionell erfassen

1.7 Lernaufgabe

Meine Texte sollen ästhetisch aussehen. Dokumente wirken unruhig, wenn die Breite des rechten Randes (Abstand zwischen Zeilenende und Blattkante) zu sehr variiert. Um einen gleichmäßigen Abstand des Textes zum rechten Rand zu erhalten, trenne ich die Wörter am Zeilenende. In der deutschen Sprache werden die Wörter nach Sprechsilben getrennt.

Wie trenne ich Wörter orthografisch korrekt?

A! **Arbeitsauftrag**

Einzelarbeit

1. **Schreiben** Sie die Regeln zur Worttrennung am Zeilenende (Silbentrennung) ab.

2. **Ordnen** Sie die Beispiele den Regeln zu und schreiben Sie diese unter die passende Regel.

3. **Testen** Sie Ihr Wissen, indem Sie die *Unwörter bzw. Wörter der vergangenen Jahre* sooft wie möglich trennen.

4. **Lesen** Sie noch einmal die Regeln durch, um sie anschließend Ihrer Mitschülerin bzw. Ihrem Mitschüler wiedergeben zu können.

Partnerarbeit

5. **Tragen** Sie (der/die Ältere von beiden) die Worttrennungsregeln Ihrer Mitschülerin bzw. Ihrem Mitschüler vor. Hören Sie (der/die Jüngere) Ihrer Mitschülerin bzw. Ihrem Mitschüler zu und **ergänzen** Sie ggf. die Regeln.

6. **Kontrollieren** Sie gegenseitig Ihren Worttrennungs-Test.

7. **Suchen** Sie zu jeder Regel zwei Beispiele. **Notieren** Sie auf einem Blatt, an welchen Stellen die Wörter zu trennen sind.

Blitzlicht im Plenum

8. **Diktieren** Sie Ihren Mitschülern zwei Beispiele. Ihre Mitschüler **schreiben** die genannten Beispiele am PC und trennen sie so oft wie möglich. Der vom Diktanten rechts sitzende Mitschüler **nennt** die Trennungsmöglichkeiten und **diktiert** anschließend zwei weitere Beispiele.

Einzelarbeit

9. **Drucken** Sie Ihre Regeln mit Worttrennungs-Test und -Übungen aus.

!! Worttrennung am Zeilenende (Silbentrennung)

Regeln:

① Steht an der Trennstelle ein einzelner Konsonant, so kommt dieser auf die nächste Zeile. Bei mehreren Konsonanten kommt in der Regel nur der letzte auf die nächste Zeile.

② Nachsilben, die mit einem Vokal beginnen, nehmen bei der Trennung den vorangegangenen Konsonanten zu sich.

③ Die Buchstabenfolge ck wird wie ch, sch etc. auf die nächste Zeile gesetzt. Bei der Worttrennung wird das ck nicht mehr in k-k aufgelöst, sondern in die nächste Zeile übernommen.

④ Die Buchstabenfolge st wird wie sp, pf etc. getrennt. Das Trennungsverbot von st wurde aufgehoben.

⑤ Nicht getrennt werden einzelne Vokale am Wortanfang oder -ende.

⑥ Wörter, die nicht mehr als Zusammensetzung erkannt werden, <u>kann</u> man nach Sprechsilben trennen. Bislang musste man bei einheimischen Wörtern – bei denen es sich um Zusammensetzungen handelte – zwischen den einzelnen Bestandteilen trennen.

Beispiele:

○ Kos- ten, ges- tern, flüs- tern, meis- tens, bes- te, Fens- ter, Knos- pe

○ Wör- ter, Emp- fang, Spit- ze, Stem- pel, Stu- be, Na- del

○ Ufer, Abend, Ofen, Boa, Dia

○ ba- cken, we- cken, De- cke, Be- cher, Fla- schen

○ Rech- nung, Schu- lung, Stö- rung

○ west- lich, Diens- tag, hin- auf oder hi- nauf, dar- um oder da- rum

Worttrennungs-Test: *Wörter bzw. Unwörter der vergangenen Jahre*

Bundeskanzlerin, Teuro, der elfte September, Schwarzgeldaffäre, Millennium, Reformstau, Sparpaket, Politikverdrossenheit, Überfremdung, ethnische Säuberung, national befreite Zone, Rentnerschwemme, Aids

Texte professionell erfassen

L? 1.8 Lernaufgabe

Abkürzungen sparen dem Schreiber in der Regel Zeit, hemmen aber auch den Lesefluss. Damit andere meine Texte gut lesen können, verwende ich ausschließlich sinnvolle Abkürzungen, die allgemein üblich sind.

Wie werden Wörter korrekt und normgerecht abgekürzt?

A! Arbeitsauftrag

Einzelarbeit

1. **Wählen** Sie die Schriftart Garamond, Schriftgröße 11.

2. **Richten** Sie die Seitenränder ein:
   oben: 1 cm, unten: 1 cm, links: 2,5 cm, rechts: 2 cm.

3. **Setzen** Sie einen linksbündigen Tabulator bei 8 cm, und zwar mit Füllzeichen (…).

4. **Schreiben** Sie nun die Regeln zu den Abkürzungen ab.

5. **Formatieren** Sie die Überschrift „Richtlinien zur Schreibung von Abkürzungen" in Schriftgröße 16, Fettschrift und dem Schrifteffekt Kapitälchen.

6. **Heben** Sie die Regeln durch Fettschrift hervor.

7. **Testen** Sie Ihre Regelkenntnis – Abkürzungstest. Halten Sie den Test unter Ihren Regeln fest, sodass alle Informationen auf einer Seite enthalten sind.

Partnerarbeit

8. **Kontrollieren** Sie das Informationsblatt zur Schreibung von Abkürzungen Ihres Partners bzw. Ihrer Partnerin hinsichtlich
   a) der vorgenommenen Formatierungen und
   b) des Abkürzungstests.

9. **Finden** Sie gemeinsam acht weitere Beispiele. Schlagen Sie ggf. im Duden nach, wenn Sie nicht sicher sind, wie die Wörter korrekt abgekürzt werden. **Notieren** Sie die nicht abgekürzten Beispiele am PC.

Plenum

10. **Setzen** Sie sich an einen anderen PC-Arbeitsplatz.

11. **Kürzen** Sie die von Ihren Mitschülern/-innen genannten Beispiele ab und **notieren** Sie darunter Ihren Namen.

12. **Setzen** Sie sich an Ihren Stamm-PC und kontrollieren Sie die Abkürzungen, die Ihr Mitschüler bzw. Ihre Mitschülerin vorgenommen hat. **Geben** Sie ihm/ihr dazu eine Rückmeldung.

Texte professionell erfassen

!! Richtlinien zur Schreibung von Abkürzungen

Hinter Abkürzungen, die im vollen Wortlaut gesprochen werden, steht ein Punkt.

Abteilung .... Abt.
eventuell .... evtl.
Dezember .... Dez.

Folgen zwei oder mehr Abkürzungen aufeinander, so werden sie mit Leerzeichen geschrieben. Es muss ein geschütztes Leerzeichen (⌷Strg⌷ + ⌷⇧⌷ + Leerzeichen) geschrieben werden, um die Abkürzung gegen einen unbeabsichtigten Zeilenumbruch zu sichern.

zum Beispiel .... z. °B.
das heißt .... d. °h.

Ausnahmen:

und so weiter .... usw.
und so fort .... usf.
et cetera .... etc.

Steht eine Abkürzung mit Punkt am Satzende, dann ist der Abkürzungspunkt zugleich Schlusspunkt des Satzes.

Er verwendet gerne Zitate von Goethe, Schiller u. a.
Ihr Vater ist Regierungsrat a. D.

Keinen Punkt setzt man dagegen bei sogenannten Initialwörtern und Kürzeln, d. h. Abkürzungen, die man buchstäblich oder wie selbstständige Wörter spricht.

Bürgerliches Gesetzbuch .... BGB
Frankfurter Allgemeine Zeitung .... FAZ
Berufsinformationszentrum .... BIZ
Technischer Überwachungsverein .... TÜV

Ebenfalls ohne Punkt schreibt man national oder international festgelegte Abkürzungen der metrischen Maße und Gewichte, der Himmelsrichtungen und der meisten Währungseinheiten.

Zentimeter .... cm
Kilogramm .... kg
Nordost .... NO
Norwegische Kronen .... nkr

Abkürzungstest:
Kürzen Sie die Wörter ab. Schreiben Sie die Wörter und positionieren Sie die Abkürzungen dazu mithilfe des Tabulators bei 8 cm.

September, Europäische Gemeinschaft, unter anderem, beziehungsweise, Personenkraftwagen, North Atlantic Treaty Organization, Dänische Krone, Südwest, Februar, dieses Jahres, Gesellschaft mit beschränkter Haftung, Aktiengesellschaft, im Auftrag

Texte professionell erfassen

L? 1.9 Lernaufgabe

Zwischendurch kann ich mir einmal weitere nützliche Funktionen in meinem TV-Programm anschauen. Beim Schreiben habe ich gemerkt, dass manchmal die Wörter mit einer roten Wellenlinie versehen sind, auch entstehen oft große Lücken am rechten Rand oder ich schreibe Wörter ab, die ich gar nicht verstehe. Zum Schreibtraining sehe ich ja ein, dass ich die Dinge doppelt oder sogar dreifach schreiben muss, aber es gibt auch Situationen – da muss es etwas rationeller gehen.

Welche Hilfeprogramme kann ich in meinem TV-Programm nutzen?

A! Arbeitsauftrag

Einzelarbeit

1. **Erfassen** Sie den nachfolgenden Text „Hilfeprogramme" als Fließtext (ohne Zeilenschaltung).
2. **Schalten** Sie vier sinnvolle Absätze.
3. **Fügen** Sie jeweils eine Überschrift über die Absätze ein.
4. **Formatieren** Sie in jedem Absatz drei Schlüsselwörter (bedeutungsvolle Wörter) in Fettdruck (siehe TV-Funktionsteil – Zeichenformatierung).
5. **Speichern** Sie Ihren Text unter einem sinnvollen Dateinamen ab.
6. **Informieren** Sie sich in der „Hilfe" zum Thema „**Silbentrennungsprogramm**". Geben Sie das Schlagwort „Trennung" ein.
7. **Aktivieren** Sie das Silbentrennungsprogramm.
8. **Notieren** Sie die Vorgehensweise für das Hilfeprogramm in Ihrem Funktionsjournal.
9. **Informieren** Sie sich in der „Hilfe" zum Thema „**Rechtschreibprogramm**".
10. **Lassen** Sie das Rechtschreibprogramm über den Text laufen.
11. **Speichern** Sie Ihren Text ab.
12. **Notieren** Sie die Vorgehensweise für das Hilfeprogramm in Ihrem Funktionsjournal.
13. **Kopieren** Sie den Text in ein anderes Dokument.
14. **Informieren** Sie sich in der „Hilfe" zum Thema „**Thesaurus**".
15. **Suchen** Sie über den Thesaurus für 10 Begriffe andere Wörter mit gleicher Bedeutung.
16. **Speichern** Sie Ihre Datei unter einem neuen Dateinamen ab.
17. **Notieren** Sie die Vorgehensweise für die Hilfe in Ihrem Funktionsjournal.
18. **Drucken** Sie Ihren Text aus.
19. **Heften** Sie Ihr Ergebnis ab.

Texte professionell erfassen

!! Hilfeprogramme

Textverarbeitungsprogramme wie Microsoft Word stellen kleine elektronische Lexika, z. B. Rechtschreibprüfung, Silbentrennungsprogramm, Thesaurus zur Verfügung. Textverarbeitungsprogramme bieten die Möglichkeit der automatischen und manuellen Silbentrennung. Während beim automatischen Umbruch die Trennungen ohne Rückfragen durchgeführt werden, macht das Programm bei der manuellen Trennung Vorschläge, die akzeptiert, verworfen oder korrigiert werden können.

Zu den gängigen Rechtschreibfehlern treten im Zuge der Verbreitung von Textverarbeitungssystemen zusätzliche Flüchtigkeits- oder Tippfehler auf. Alle gängigen Textverarbeitungsprogramme enthalten eine Rechtschreibprüfung. Sie funktioniert in der Regel folgendermaßen: Der zu überprüfende Text wird Wort für Wort mit dem Inhalt eines elektronischen Lexikons verglichen. Wird das Wort nicht gefunden, so wird eine Fehlermeldung durch eine rote Schlangenlinie markiert. Werden ähnliche Wörter gefunden, dann werden Verbesserungsvorschläge gemacht, die mit der rechten Maustaste angenommen oder verworfen werden können. Eigene Verbesserungen sind auch möglich. Es findet zudem eine grammatikalische Analyse und eine Prüfung des Sinnzusammenhanges statt. Diese Fehler werden mit einer grünen Schlangenlinie markiert. Voraussetzung dafür ist, dass die Grammatikprüfung aktiviert ist.

Allerdings werden nicht alle Fehler angezeigt. Der Thesaurus bietet Synonyme – bedeutungsgleiche oder ähnliche Wörter – für gängige Begriffe und zahlreiche Fremdwörter an. Den Thesaurus finden Sie im Kontextmenü unter Synonyme. Es werden Ihnen ggf. direkt Vorschläge unterbreitet. Suchen Sie sich ein geeignetes Wort aus und klicken Sie es an. Automatisch wird der Alternativbegriff eingefügt.

Texte professionell erfassen

L? 1.10 Lernaufgabe

Der erste Schritt zum sicheren Umgang mit dem PC ist geschafft. Ich kenne die Lage aller Buchstaben und schon einige Zeichen. Nun kann ich alle Texte ohne Ziffern und Sonderzeichen schreiben.

In nächster Zeit muss ich schreiben, schreiben …, damit sich die Tastwege automatisieren. Am besten fange ich gleich an. Damit es etwas abwechslungsreicher wird, wende ich verschiedene Übungsformen an.

Wie kann ich meine Schreibgeschwindigkeit steigern?

A! Arbeitsauftrag

Einzelarbeit

1. **Schreiben** Sie aus Ihrem Text für die 10-Minuten-Abschrift (z. B. Seite 48/49) die häufig vorkommenden Wörter mit drei bzw. vier Buchstaben.

2. **Markieren** Sie schwierige Wörter und **schreiben** Sie diese mehrmals.

3. **Schreiben** Sie Wörter mit dem gleichen großen Anfangsbuchstaben, um eine Sicherheit in die Umschaltung zu bekommen.

4. **Erfassen** Sie einige Sätze jeweils 3- bis 5-mal.

5. **Schreiben** Sie mehrere Sätze als Pyramide. Beginnen Sie mit einem Wort und nehmen Sie pro Zeile eins hinzu – am Ende des Satzes geht es wieder rückwärts.

6. **Schreiben** Sie einen Satz rückwärts (.sträwkcür ztaS ned ieS nebierhcS).

7. **Schreiben** Sie einen Absatz – fangen Sie von vorne an und schreiben Sie zwei Absätze – fangen Sie von vorne an und schreiben Sie drei Absätze – …

8. **Schreiben** Sie einen Satz ab. Sobald Sie einen Fehler geschrieben haben, benutzen Sie nicht die Korrekturtaste, sondern fangen Sie den Satz von vorne an.

9. **Schreiben** Sie einen Absatz oder einen Satz drei Minuten. Machen Sie eine kleine Pause und das Gleiche dann wieder drei Minuten. Dies ist eine gute Übung, um die Geschwindigkeit zu steigern.

10. **Schreiben** Sie einen Text 10 Minuten. Nehmen Sie keine Zeilenschaltung vor – erfassen Sie den Text fließend. Zur besseren Übersicht schalten Sie die Absätze wie in der Vorlage. Überprüfen Sie Ihre Anschlagzahl (rechte Seite). Jede angefangene Zeile muss buchstabenweise gezählt werden. Zeichen, die mit Umschalttaste bedient werden, zählen als zwei Anschläge. Leerzeichen werden als ein Anschlag gezählt.

10-Minuten-Abschriften	Fehler x 100 : Gesamtanschlagszahl = Fehlerprozente					
	bis 0,080 %	0,081 – 0,190 %	0,191 – 0,330 %	0,331 – 0,500 %	0,501 – 0,700 %	> 0,700 %
	sehr gut	gut	befriedigend	ausreichend	mangelhaft	ungenügend

Texte professionell erfassen

(Schriftart: Courier New, 12; Rand links 2,4 cm, Rand rechts 1,8 cm)

Welche Erwartungen werden an Auszubildende gestellt?

Solides Grundwissen in den wichtigsten Lern- und Lebensbereichen	69
ist eine wichtige Voraussetzung für jeden, der eine berufliche	133
Ausbildung beginnt. Als Mindeststandard setzen die Betriebe die	201
Fähigkeit voraus, dass die Schulabgänger einfache Sachverhalte	267
mündlich und schriftlich klar formulieren und aufnehmen können.	331
Die Jugendlichen sollen einfache Texte in Rechtschreibung und	397
Grammatik fehlerfrei schreiben und verschiedene Sprachebenen, wie	465
Szenenjargon, Umgangssprache, Fachsprache und gehobene Sprache	532
unterscheiden können. Neben den sprachlichen Voraussetzungen sind	600
einfache Rechentechniken gefragt. Was ist darunter zu verstehen?	668
Hierzu gehören die vier Grundrechenarten, das Rechnen mit Brüchen	738
und Dezimalen, der Umgang mit Maßeinheiten, aber auch Dreisatz und	809
Prozentrechnen, Flächen-, Volumen- und Masseberechnungen sowie	876
die fundamentalen Grundlagen der Geometrie. Erwartet wird ferner	944
die Fähigkeit, Textaufgaben zu verstehen und Formeln anzuwenden.	1012
Schließlich soll der Bewerber um einen Ausbildungsplatz mit dem	1079
Taschenrechner mathematisch überlegt umgehen können. Verfügbar	1144
sein müssen Grundkenntnisse in Physik, Chemie, Informatik und	1210
Biologie, aus denen Verständnis für die moderne Technik und eine	1278
positive Grundeinstellung im Berufsleben entwickelt werden können.	1347
Die Schule muss grundlegende Informationen über das Funktionieren	1417
des marktwirtschaftlichen Systems und die Rolle der wichtigsten	1488
Akteure der deutschen Gesellschaftsordnung vermitteln. Dazu zählen	1553
Parteien, Parlament, Verwaltung, Unternehmen und die Tarifpartner.	1625
Erwünscht sind Betriebspraktika, die einen Einblick vermitteln.	1692
Heute benötigen die Auszubildenden Grundkenntnisse in Englisch,	1760
die dazu befähigen, sich über einfache Gegebenheiten – auch im	1824
Beruf – zu verständigen. Kenntnisse in einer anderen Fremdsprache	1893
sind erwünscht. Die modernen Lebens- und Arbeitswelten sind ohne	1961
Informations- und Kommunikationstechnik längst nicht mehr denkbar.	2030
Junge Menschen müssen früh ein Verständnis für neue Technologien	2108
und deren Beherrschung entwickeln. In der Schule müssen bereits	2166
die Grundlagen für die Anwendung und den Einsatz von Informations-	2237
und Kommunikationstechnologien gelegt werden. Die Lehrer müssen	2304
die Schüler zum rationalen Umgang mit den neuen Medien anleiten.	2372
Die Liste der fachlichen Kompetenzen und des elementaren Wissens	2441
ist damit noch nicht vollständig. Die jugendlichen Berufsanfänger	2509
brauchen außerdem Grundkenntnisse über deutsche und europäische	2574
Geschichte, über gesellschaftliche und politische Bedingungen	2638
sowie Kenntnisse und Akzeptanz unserer kulturellen Grundlagen.	2704

(Schriftart: Courier New, 12; Rand links 2,4 cm, Rand rechts 1,8 cm)

Aller Anfang ist schwer

Wer neu ist in einer Gemeinschaft, der steht im Mittelpunkt. Dies	70
gilt ganz besonders für den Neuling in einem Unternehmen. Da kann	139
der erste Eindruck sehr weitreichende Folgen haben – positive und	206
negative. Stellenwechsel sind heute häufiger als früher. Auch Sie	275
können also in die Lage kommen, in einem Unternehmen neu zu sein.	344
Achten Sie gerade in den ersten Tagen im neuen Job ganz besonders	413
auf Ihr Auftreten. Gemeint ist das äußere Erscheinungsbild ebenso	483
wie Ihr Verhalten im Kollegenkreis. Erkundigen Sie sich, welche	552
Kleidung in Ihrer Branche üblicherweise getragen wird. Denn das	620
ist sehr verschieden. Nehmen wir als Beispiel eine Werbeagentur:	688
Dort gibt man sich auch in der Kleidung viel lockerer als etwa in	757
einer Bank oder Versicherung. Denn da sind Anzug für Männer und	826
Kostüm für Frauen nach wie vor üblich. Auch wenn Sie sich anfangs	896
im Anzug oder Kostüm nicht wohl fühlen, betrachten Sie diese als	962
eine Art Dienstkleidung, die Sie nach Feierabend ablegen können.	1031
Fachleute raten dazu, diese Kleidung im Zweifelsfall schon einige	1100
Tage vor dem Start in den neuen Job zu tragen, damit man Ihnen in	1170
der ersten Zeit nicht gleich den ungewohnten Aufzug anmerkt oder	1237
Sie als linkisch oder steif einstuft. Zum Thema Äußeres geben	1303
Ihnen erfahrene Personalleiter noch mehr beachtenswerte Tipps.	1369
Achten Sie auf angemessene, gepflegte und gut sitzende Kleidung.	1437
Tragen Sie geputzte Schuhe ohne schiefe Absätze. Ihre Frisur muss	1509
stimmen. Gehen Sie im Zweifel noch einmal zum Friseur. Prüfen Sie	1580
auch Ihre Fingernägel. Für Frauen ist ein dezentes Make-up zu	1647
empfehlen. Ihr Schmuck sollte nicht auffallen: Weniger ist mehr.	1715
Dies gilt auch für den Geruch: Zu viel Parfüm oder Rasierwasser	1785
schadet mehr als es nutzt. Achten Sie darauf, dass Sie nicht	1850
nach Schweiß, Knoblauch, Alkohol oder kaltem Rauch riechen. Ihre	1920
Kollegen werden es Ihnen danken. Mindestens genauso wichtig wie	1987
das Outfit sind aber die kleinen Signale durch Gestik und Mimik.	2056
Damit verraten Sie oft mehr, als Ihnen lieb ist. Wer etwa die	2122
ganze Zeit mit verschränkten Armen dasitzt, signalisiert damit	2188
eine innere Abwehrhaltung. Einen hohen Grad an Nervosität zeigen	2258
Sie, wenn Sie ständig an Kragen oder Frisur zupfen oder mit den	2325
Beinen wippen. Es geht jetzt darum, positive Signale zu setzen.	2392
Achten Sie auf einen festen, entschlossenen Händedruck. Suchen Sie	2464
immer wieder den Blickkontakt mit Ihrem Gesprächspartner. Lächeln	2534
Sie Ihr Gegenüber an. Damit geben Sie ihm zu erkennen, dass Sie	2604
sich über den Kontakt freuen und erhöhen so Ihre Chancen, eine	2670
positive Rückmeldung zu bekommen. Dies ist ein wichtiger Schritt.	2739

Texte professionell erfassen

Ü! Übungen zu den Lernelementen

Lernelement 1	Grundstellung	asdf - ölkj

```
da ja das las öd als all lös falls ja öd lös das las all falls all
das falls all ja das las falls das all lös da ja las falls all das
da fall fad als fass das als da fall als öd las das da falls öd ja
```

Lernelement 2	Großschreibung – Mittelreihe	g, h, ä,

```
sah sag jäh kahl sah sag Saal Hall Gas das Haff Jagd Hass kahl das
All Gas Saal Hals Haff Jagdglas Alaska Kalk Skala fad sag jäh Hals
Saal Falk das Haff Hall Kalk Gas half Alaska Hals Haff das Öl Falk
```

Lernelement 3	Mittelfinger	e, c, i, Komma, Semikolon

```
sie, die, fiel, seid, eile, jede, dich, schiefe, schicke, schlief,
die Kasse, das Kleid, die Diele, die Hölle, das Segel, die Klasse,
Silke, Lisa, Hilde, Adele; Silke lief Ski; Gisela gefiel die Idee;
```

Lernelement 4	Ringfinger	w, x, o, Punkt

```
wie, wieso, weh, was, weil, wo, wecke, wohl, soll, fix, wog, hexe,
Wolf, Wolke; Olga, Oslo; Welle, Weide; Willi, Wiesel, Gold, Kohle,
Alex sah die Waage. Oswald: hole die Wolldecke. Isolde lief leise.
```

Lernelement 5	Zeigefinger	r, v, u, m,

```
auf, um, vom, raus, ruhig, graue, drei, fuhr, wieder, vier, werde,
das Ruder, der Kurs, die Radfahrer, der Versuch, im Mai, das Ufer,
Die freiwillige Feuerwehr fuhr los. Vor allem war Charles hilflos.
```

Lernelement 6	Zeigefinger – Spreizgriff	t, b, n, z,

```
tun, total, jetzt, beben, beeilen, zur, zahlen, zwei, nun, nennen,
der Zwerg, die Torte, der Boden, das Notenbuch, ein Sonderangebot,
Bieten Sie uns so bald wie möglich gut abgelagertes Zedernholz an.
```

Lernelement 7	Kleiner Finger	q, y, p, ü, Mitte- und Grundstrich

```
quer, okay, typisch, physisch, hygienisch, über, fühle, äußerlich,
Die Übersetzungen werden von Frau Sybille Rüste gründlich geprüft.
Der InterRegio hatte im letzten Monat regelmäßig kurze Verspätung.
Hans-Georg wählte folgenden Dateinamen: unterlage_schule_englisch.
```

Texte professionell erfassen

F? Funktionsjournal

Notieren Sie Ihre angewendeten Funktionen in Kurzform.

Kreuzen Sie je nachdem, was Sie benutzen, das Menü, das Kontextmenü, die Symbolleiste oder den Shortcut (Tastenkombination) an.

TV-Programm

	Menü	Kontext-Menü	Symbol-leiste	Short-cut	Ausführung
Programm starten	☒	☐	☐	☐	Start – Programme – ...
Neue Seite öffnen	☐	☐	☐	☐	
Datei öffnen	☐	☐	☐	☐	
Datei schließen	☐	☐	☐	☐	
Datei speichern unter Datei	☐	☐	☐	☐	
speichern	☐	☐	☐	☐	
Datei drucken	☐	☐	☐	☐	
Ordner anlegen	☐	☐	☐	☐	
Hilfeprogramme					
Rechtschreibung	☐	☐	☐	☐	
Silbentrennung	☐	☐	☐	☐	
Thesaurus	☐	☐	☐	☐	

R? Lernjournal – Reflexion

Nachdem ich die erste Lernsituation beendet habe, möchte ich gerne ein Feedback über meine neu erworbenen Kompetenzen geben.

Fertigkeiten:	Bereitet es mir Schwierigkeiten, beim Abschreiben eines Textes den Blick nur auf die Vorlage zu halten, oder muss ich bei einigen Buchstaben noch auf die Tastatur sehen? Welche Anschlagszahl erreiche ich mittlerweile?
Zeit:	Habe ich mir die Arbeit richtig eingeteilt? Habe ich regelmäßig trainiert?
Arbeitsvorgehen:	Was war schwierig, was war leicht?
Stärken:	Worauf bin ich ein bisschen stolz?
Schwächen:	Wo waren Schwierigkeiten, die ich noch nicht bewältigen konnte?
Gefühle:	Zum Beispiel: Ich fühle mich überfordert. Ich fühle, dass ich meinen inneren Schweinehund noch nicht im Griff habe.
Weiteres Vorgehen:	Wie gehe ich zukünftig vor, um meine Schreibsicherheit und -schnelligkeit zu verbessern?

Selbsteinschätzung

Texte normgerecht erfassen

Kompetenzen

- Unter Beachtung der Schreib- und Gestaltungsregeln Texte normgerecht erfassen.

Inhalte

- DIN 5008:2011
- Normung

Methoden

- Markieren
- Strukturieren
- Regelheft gestalten
- Nachschlagen
- Exzerpieren

Ressourcen

- Tastatur-Lernprogramm *fiellascript*
- Textverarbeitungsprogramm
- Funktionsjournal
- Lernjournal – Reflexion
- Duden

E? Brainstorming

Was verbinden Sie gedanklich mit folgenden Begriffen und Zeichen?

§§		123		#
			!	Plus
	%			
		?		@
3.456				Klammer

Texte normgerecht erfassen

N! Eigene Notizen

L? 2.1 Lernaufgabe

Nachdem ich nun die untere, mittlere und obere Buchstabentastenreihe bedienen kann, beschäftige ich mich mit der Zifferntastenreihe. Ziffern und Sonderzeichen sind in fast allen Briefen und Dokumenten enthalten. Für mich ist es daher wichtig, dass ich Zahlen und Sonderzeichen normgerecht schreibe. Bei Briefen und Dokumenten muss ich auf eine gewisse Form (Normung) achten.

Normen sind aber keine Zwangsjacken; sie regeln, standardisieren und helfen, etwas zu vereinfachen. Auch im privaten Bereich profitiere ich tagtäglich von genormten Gegenständen: Das A4-Papier passt in meinen Drucker, meinen Ordner, meinen Schnellhefter, meine Klarsichtfolie etc.

Für die Textverarbeitung sind die Schreib- und Gestaltungsregeln der DIN 5008 maßgebend. Diese Norm legt fest, wie ein vorgegebener Inhalt dargestellt werden soll. Diese Regeln sind aus bewährten Erfahrungen der Praxis und Erkenntnissen der Rationalisierung entstanden.

Da ich beim Erstellen von Schriftstücken (Referat, Bewerbung, Protokoll etc.) auf die DIN-Regeln zurückgreifen möchte, lege ich mir ein DIN-Regel-Heft als Nachschlagewerk an.

Lernelement 8 a
Tastwege 4, 9, Dollarzeichen, Nachklammer

... Minuten

A! Arbeitsauftrag

1. **Füllen** Sie die Spalten 2 bis 6 der Tabelle zu Lernelement 8 a aus.
2. **Führen** Sie gewissenhaft die Kontrolle in Spalte 7 durch.
3. **Schreiben** Sie die Regeln (schattierter Text) und die dazugehörigen Beispiele entsprechend der Vorlage ab.
4. **Gestalten** Sie die Regeln (z. B. Schattieren oder Fettdruck).
5. **Formatieren** Sie die Beispiele in der Schriftart Courier New, Schriftgröße 12.
6. **Ergänzen** Sie die Regeln durch jeweils zwei eigene Beispiele oder Beispielsätze.
7. **Kontrollieren** Sie die Beispiele Ihres Tischnachbarn.
8. **Erstellen** Sie auf Ihrem Speichermedium einen Ordner „Texte normgerecht erfassen".
9. **Speichern** Sie den ersten Teil Ihres Regelwerkes unter „Regelheft" im Ordner „Texte normgerecht erfassen" ab.

H! Hausaufgaben

- **Schreiben** Sie den Text *Normung* (1) ab.
- **Heben** Sie die fünf genannten Gründe für die Normung hervor (z. B. Schattieren oder Fettdruck).

Lernelement 8 a

Ziffern: 4, 9
Sonderzeichen: Dollarzeichen, Nachklammer
Mittelfinger – Ziffernreihe

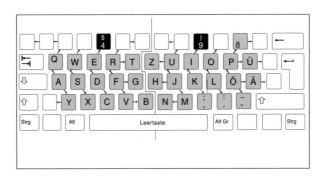

Im Lernelement 8 a werden die Tasten im Bereich des Tastaturschemas, Ziffern und Zeichen, die mit dem **Mittelfinger** bedient werden, erarbeitet. Die Tastwege der Finger sind durch Pfeile im Tastaturschema kenntlich gemacht.

Spalte 1	Spalte 2	Spalte 3	Spalte 4	Spalte 5	Spalte 6
4	= linke Seite		Mittelfinger	Ziffernreihe	
9	= rechte Seite		Mittelfinger	Ziffernreihe	
)	= rechte Seite	U l	Mittelfinger	Ziffernreihe	
$	= linke Seite	U r	Mittelfinger	Ziffernreihe	

Bezeichnungen:
$ = Dollar-Zeichen
) = Nachklammer (Klammer zu)

Nachdem die Ziffern und Zeichen kognitiv erarbeitet wurden, werden neben den motorischen Übungen die entsprechenden DIN-5008-Regeln behandelt.

Zusammengehörige Teile, die durch Zwischenräume gegliedert werden, dürfen auch an den Zwischenräumen nicht getrennt werden und sind mit einem geschützten Leerzeichen

Strg und ⇧ und Leerzeichen = °

gegen einen unbeabsichtigten Zeilenumbruch zu sichern.

Systemübung zu Lernelement 8 a

Buch-staben Ziffern Zeichen	Tastaturseite		Um-schaltung		Kleiner Finger	Ring-finger	Mittel-finger	Zeige-finger	Mittelreihe		Ober-reihe	Unter-reihe	Ziffern-reihe	Spreizgriff		Kontrolle
	links	rechts	links	rechts					Grund-stellung	Mittel-reihe				links	rechts	
1	2		3		4				5					6		7
4	X						X						X			
9		X					X						X			
)		X	X				X						X			
$	X			X			X						X			
4	X						X						X			
9		X					X						X			
)		X	X				X						X			
$	X			X			X						X			
4	X						X						X			
9		X					X						X			
)		X	X				X						X			
9	X						X						X			
4	X						X						X			
$	X			X			X						X			
)		X	X				X						X			
9		X					X						X			
4	X						X						X			
)		X	X				X						X			

Zahlen mit mehr als drei Stellen dürfen durch je ein geschütztes Leerzeichen in dreistellige Gruppen gegliedert werden. Geldbeträge sollten aus Sicherheitsgründen mit Punkt gegliedert werden.

```
4°Daten, 44°Jahre, 99°Kegel, 449°Kisten, 949°499 Einwohner, 4.999°EUR
```

Steht ein Zeichen für ein Wort (z. B. $), setzt man davor und dahinter ein Leerzeichen. **Dezimalzahlen** werden mit Komma geschrieben.

```
für 44°$, für 4.994°$, 49,44°$, 494,99°$, 994.944°$ bezahlt
```

Währungsbezeichnungen stehen vor oder hinter dem Betrag. Im Fließtext sollten sie hinter dem Betrag stehen, weil man sie so spricht.

```
Die Rechnung über 49,44°USD war am 4.°April fällig.
```

Bei **runden Zahlen** oder **ungefähren Werten** können Sie auf die Dezimalstellen verzichten.

```
Wir haben den Rechnungsbetrag über 449°Euro überwiesen.
```

Die **Nachklammer** wird in Verbindung mit Kleinbuchstaben in Aufzählungen verwendet.

```
a) Spanisch, b) Portugiesisch, c) Französisch, d) Italienisch,
Bitte ergänzen Sie in den Vordrucken die Punkte a), b) und c).
```

!!
Übungsaufgabe zu Lernelement 8 a

Normung (1)

Über manche Dinge macht man sich im normalen Leben einfach keine Gedanken: Warum passt der Stecker in die Steckdose? Dass das reibungslos klappt, ob zu Hause, im Hotelzimmer oder im Büro, liegt an DIN-Normen – es gibt eine für den Stecker und eine für die Steckdose. Die Normen sind untereinander abgestimmt und dann passt es.

Die Abkürzung DIN steht dabei für Deutsches Institut für Normung e. V., Berlin – die Institution die dafür sorgt, dass Normen festgelegt und veröffentlicht werden. Hier arbeiten Hersteller, Handel, Verbraucher, Handwerk, Dienstleister, Wissenschaft, technische Überwachung und Staat zusammen. DIN-Normen dienen der Rationalisierung, der Qualitätssicherung, der Sicherheit, dem Umweltschutz und der Verständigung in Wirtschaft, Technik, Wissenschaft, Verwaltung und Öffentlichkeit. Normung wird definiert als planmäßige, durch die interessierten Kreise gemeinschaftlich durchgeführte Vereinheitlichung von materiellen und immateriellen Gegenständen zum Nutzen der Allgemeinheit. Die DIN legt Normen auf nationaler Ebene fest, die ISO – International Organization for Standardization – auf internationaler.

Den meisten Menschen ist das Wort DIN durch die Normung der Papiermaße bekannt. Das Papierformat A4 gibt es in der ganzen Welt, nur in Nordamerika und China existieren daneben noch weitere Papierformate. Von großer internationaler Bedeutung sind beispielsweise auch Normen über die Größe von Bank- und Kreditkarten.

Lernelement 8 b
Tastwege 3, 0, Paragrafen- und Gleichheitszeichen

... Minuten

A! Arbeitsauftrag

1. **Füllen** Sie die Spalten 2 bis 6 der Tabelle zu Lernelement 8 b aus.

2. **Führen** Sie gewissenhaft die Kontrolle in Spalte 7 durch.

3. **Öffnen** Sie Ihr *„Regelheft"* und positionieren Sie den Cursor ans Dateiende
   (Strg + Ende).

4. **Schreiben** Sie die Regeln (schattierter Text) und die dazugehörigen Beispiele ab. **Formatieren** Sie die Regeln und Beispiele wie im Lernelement 8 a.

5. **Korrigieren** Sie die Fehlersätze auf Seite 82.

6. **Vergleichen** Sie die Korrektur mit dem Tischnachbarn.

7. **Schreiben** Sie die korrigierten Beispielsätze unter die entsprechende Regel.

8. **Speichern** Sie Ihre Daten ab.

H! Hausaufgaben

- **Schreiben** Sie den Text *Normung (2)* ab.

- **Schattieren** Sie im Text die Begriffe *standardisieren, rationalisieren, Norm* mit einer Graustufe von 15 %. (Achtung! Die Satzzeichen werden auch schattiert.)

- **Schlagen** Sie im Duden die Bedeutung der schattierten Fremdwörter nach.

- **Notieren** Sie unter dem Text DIN = Deutsches Institut für Normung.

- **Schreiben** Sie darunter die schattierten Begriffe und mit einem Gleichheitszeichen deren Bedeutung.

Lernelement 8 b

Ziffern: 3, 0
Sonderzeichen: Paragrafen- und Gleichheitszeichen
Ringfinger – Ziffernreihe

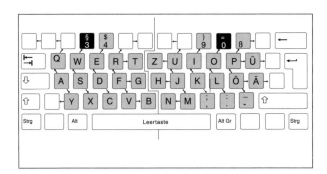

Im Lernelement 8 b werden die Tasten im Bereich des Tastaturschemas, Ziffern und Zeichen, die mit dem **Ringfinger** bedient werden, erarbeitet. Die Tastwege der Finger sind durch Pfeile im Tastaturschema kenntlich gemacht.

Spalte 1	Spalte 2	Spalte 3	Spalte 4	Spalte 5	Spalte 6
3	= linke Seite		Ringfinger	Ziffernreihe	
0	= rechte Seite		Ringfinger	Ziffernreihe	
§	= linke Seite	U r	Ringfinger	Ziffernreihe	
=	= rechte Seite	U l	Ringfinger	Ziffernreihe	

Bezeichnungen:
§ = Paragrafzeichen
= = Gleichheitszeichen

Nachdem die Ziffern und Zeichen kognitiv erarbeitet wurden, werden neben den motorischen Übungen die entsprechenden DIN-5008-Regeln behandelt.

Zusammengehörige Teile, die durch Zwischenräume gegliedert werden, dürfen auch an den Zwischenräumen nicht getrennt werden und sind mit einem geschützten Leerzeichen

Strg und ⇧ und Leerzeichen = °
gegen einen unbeabsichtigten Zeilenumbruch zu sichern.

Systemübung zu Lernelement 8 b

Buch-staben Ziffern Zeichen	Tastaturseite		Um-schaltung		Kleiner Finger	Ring-finger	Mittel-finger	Zeige-finger	Mittelreihe		Ober-reihe	Unter-reihe	Ziffern-reihe	Spreizgriff		Kontrolle
	links	rechts	links	rechts					Grund-stellung	Mittel-reihe				links	rechts	
1	2		3		4				5					6		7
3																
0																
=																
§																
3																
0																
§																
=																
0																
3																
§																
=																
§																
3																
§																
0																

Bei Angabe der **Uhrzeit** in Stunden, Minuten und Sekunden ist jede Einheit mit jeweils zwei Ziffern anzugeben und mit Doppelpunkt zu gliedern. In vollständigen Sätzen wird bei Zahlenangaben das Wort „bis" nicht durch den Mittestrich ersetzt.

```
03:30°Uhr, 00:30°Uhr, 03:30:49°Uhr, von 03:00 bis 04:00°Uhr,
Von 03:00 bis 04:00°Uhr kontrollierte die Polizei die Fahrer.
```

Vor und nach dem **Paragrafenzeichen** steht ein Leerzeichen.

```
Prüfen Sie die Vollstreckungsvoraussetzungen des §°300°ZPO.
Nach §°30°GVG sind bei den Landgerichten Kammern zu bilden.
```

Werden **zwei oder mehr Paragrafen** genannt, setzt man das Zeichen zweimal.

```
Die §§°30, 34 und 403 müssten unbedingt neu gefasst werden.
```

Das **Paragrafenzeichen** darf nur in Verbindung mit darauf folgenden Zahlen verwendet werden.

```
Auch der vorletzte Paragraf müsste stark korrigiert werden.
Bitte geben Sie die Paragrafen in allen Angelegenheiten an.
```

Vor und nach dem **Gleichheitszeichen** steht ein Leerzeichen.

```
KO°=°Koblenz, CH°=°Schweiz, H°=°Ungarn, 90°-°30°-°30°=°30;
```

!! Übungsaufgabe zu Lernelement 8 b

Normung (2)

Normen regeln, standardisieren, rationalisieren und helfen, etwas zu vereinfachen. Allerdings sind Normen keine Gesetze. Jedes Unternehmen kann frei entscheiden, ob es eine Norm umsetzt oder nicht. So gibt es eine Schuhgrößen-Norm, die auch die Fußbreite berücksichtigt. Doch kaum ein Schuhhersteller setzt die Norm um. Die Folge: Jeder Schuh fällt anders aus, man muss immer wieder neu probieren. Auch wenn man im Ausland ist, kennt man diese Probleme: Das mit dem Stecker und der Steckdose geht dann nicht mehr so einfach. Denn es ist nicht gelungen, eine international gültige Steckernorm abzuschließen. Es wäre nämlich teuer gewesen, alle europäischen Stecker und Steckdosen umzurüsten. Deshalb braucht man in Ländern wie Großbritannien, Australien oder den USA dafür einen Adapter.

Normen sind fast so alt wie die menschliche Gesellschaft. Technische Normen legen z. B. Abmessungen und Gewichte sowie Messverfahren für Produkte fest. Bereits im alten Ägypten gab es Schablonen für die Herstellung gleichförmiger Ziegelsteine.

Normen werden regelmäßig überprüft, und zwar alle fünf Jahre. Sind sie nicht mehr aktuell, werden sie angepasst. Bei der letzten Überprüfung der Körpermaßnorm wurde festgestellt, dass die Bevölkerung so stark gewachsen ist, dass die Norm komplett überarbeitet werden musste. Außerdem waren in der alten Norm keine Zuwanderer erfasst, die zum Teil etwas abweichende Körpermaße haben. Das wurde geändert. Für die überwiegende Mehrheit der Deutschen funktionieren die genormten Dinge des Alltags – Türhöhen, Schreibtische oder Fahrradhelme – gut. Wer nicht dazu gehört, also wer über oder unter den DIN-Maßen liegt, hat es nicht mehr ganz so einfach. Aber dafür ist man dann auch nicht wie alle anderen.

Lernelement 8 c
Tastwege 5, 8, %, Vorklammer

_____ **Minuten**

3. Arbeitsauftrag

1. **Füllen** Sie die Spalten 2 bis 6 der Tabelle zu Lernelement 8 c aus.

2. **Führen** Sie gewissenhaft die Kontrolle in Spalte 7 durch.

3. **Ergänzen** Sie Ihr Regelheft mit den neuen Regeln und Beispielen.

4. **Formatieren** Sie die Regeln wie in den Lernelementen 8 a und b. Erleichtern Sie sich die Arbeit durch die Funktion **„Format übertragen"**.

5. **Besprechen** Sie mit dem/der Tischnachbarn/-in die Regel zu „Zusammensetzungen mit Zahlen".

6. **Überlegen** Sie gemeinsam, ob die folgenden Beispiele mit oder ohne Bindestrich geschrieben werden. Wenn ja, tragen Sie in das Kästchen einen Bindestrich ein:

   40☐teilig, 4☐fach, 3%☐ig, 59☐jährig, 80☐er Bildröhre, 43☐stel, 5☐mal, 4☐stellig

7. **Halten** Sie die Beispiele unter der Regel „Zusammensetzungen mit Zahlen" fest.

8. **Gestalten** Sie ein Deckblatt für Ihr Regelheft. Führen Sie dazu den Cursor zum Dateianfang ([Strg] + [Pos 1]).

9. **Beachten** Sie, dass das Deckblatt Folgendes beinhalten sollte:

   a)   eigener Name
   b)   Anschrift
   c)   Klasse
   d)   Datum
   e)   Titel des Heftes

10. **Fügen** Sie in die Fußzeile eine normgerechte Seitennummerierung ein. Beachten Sie dabei, dass auf dem Deckblatt keine Nummer steht. Nähere Informationen finden Sie im Funktionsteil unter „Kopf- und Fußzeile".

11. **Speichern** Sie Ihre Daten ab.

Hausaufgaben

- **Schreiben** Sie den Text _„Warum Gestalten so wichtig ist?"_

- **Formatieren** Sie im Text Schlüsselwörter und nutzen Sie dabei die Funktion „Format _übertragen"._

Lernelement 8 c

Ziffern: 5, 8
Sonderzeichen: %, Vorklammer
Zeigefinger – Ziffernreihe

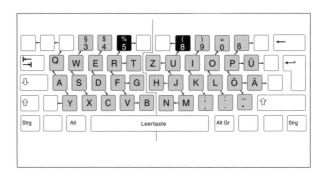

Im Lernelement 8 c werden die Tasten im Bereich des Tastaturschemas, Ziffern und Zeichen, die mit dem **Zeigefinger** bedient werden, erarbeitet. Die Tastwege der Finger sind durch Pfeile im Tastaturschema kenntlich gemacht.

Spalte 1	Spalte 2	Spalte 3	Spalte 4	Spalte 5	Spalte 6
5	= linke Seite		Zeigefinger	Ziffernreihe	
8	= rechte Seite		Zeigefinger	Ziffernreihe	
%	= linke Seite	U r	Zeigefinger	Ziffernreihe	
(	= rechte Seite	U l	Zeigefinger	Ziffernreihe	

Bezeichnungen:
% = Prozentzeichen
(= Vorklammer (Klammer auf)

Nachdem die Ziffern und Zeichen kognitiv erarbeitet wurden, werden neben den motorischen Übungen die entsprechenden DIN-5008-Regeln behandelt.

Inhaltlich eng zusammengehörige Teile, die durch Bindestrich gegliedert werden, dürfen am Bindestrich nicht getrennt werden. Sie sind mit einem geschützten Bindestrich

Strg und ⇧ und Mittestrich = °

gegen einen unbeabsichtigten Zeilenumbruch zu sichern.

Systemübung zu Lernelement 8 c

Buch-staben Ziffern Zeichen	Tastaturseite		Um-schaltung		Kleiner Finger	Ring-finger	Mittel-finger	Zeige-finger	Mittelreihe		Ober-reihe	Unter-reihe	Ziffern-reihe	Spreizgriff		Kontrolle
	links	rechts	links	rechts					Grund-stellung	Mittel-reihe				links	rechts	
1	2		3		4				5					6		7
5																
8																
%																
(																
5																
%																
(																
8																
5																
(																
%																
5																
8																
(																
%																
8																
5																
(																

Aneinanderreihungen mit Zahlen werden mit einem geschützten Bindestrich geschrieben.

```
im 5-Stunden-Takt, 500-EUR-Schein, 8-l-Tonne, die 5-Arbeitstage-Woche
```

Vor und nach dem **Prozentzeichen** steht ein Leerzeichen.

```
Die Anhebung der Rabattsätze von 5 % auf 8 % ist unmöglich.
```

Das Prozentzeichen darf auch in Zusammensetzungen geschrieben werden. **Zusammensetzungen mit Zahlen** werden mit einem geschützten Bindestrich geschrieben. Ausnahme: Nachsilben werden ohne Mittestrich an die Zahlen angefügt.

```
Wir erwarten noch in diesem Monat eine 5-prozentige Preiserhöhung.
Das Unternehmen erreichte im neuen Jahr eine 8%ige Umsatzsteigerung.
Sie erhalten das nächste Schreiben in 5facher Ausfertigung.
Die 5-jährige Tochter ist krank. Sie erhalten die üblichen Prozente.
```

Die Klammern werden ohne Leerzeichen vor und nach den von ihnen eingeschlossenen Textteilen geschrieben.

```
Sie erhalten die Schriftsätze (5fach) mit allen Unterlagen.
Zu viele Hauptwörter (Substantive) wirken oft schwerfällig.
Verwenden Sie Zeitwörter (Verben); der Stil wird flüssiger.
```

!! Übungsaufgabe zu Lernelement 8 c

Warum Gestalten wichtig ist

Die Sehgewohnheiten haben sich in den letzten Jahrzehnten geändert: Wir nehmen heute viel mehr als früher über die Augen wahr. Inhalte, die sich als fortlaufender Fließtext ergießen, erreichen nicht alle Leser. Informationen prägen sich leichter ein, wenn sie übersichtlich gegliedert und grafisch gestaltet werden.

Beim Erstellen eines Regelwerkes ist es daher wichtig, dass alle Regeln einheitlich formatiert werden. So erkennt der Leser auf einen Blick, wo sich die Regeln befinden bzw. was er sich merken sollte. Die dazugehörigen Beispiele sollten weniger deutlich hervortreten. Der Seitenaufbau wirkt ruhiger, wenn der Abstand zwischen den Regeln einschließlich Beispielen immer der gleiche ist. Außerdem sieht es ansprechender aus, wenn die Informationen über das ganze A4-Blatt verteilt sind, d. h., am unteren Rand kein großer Freiraum ohne Text verbleibt.

Um Informationen aus einem Text rasch wiederzufinden, sind Überschriften hilfreich. Die Überschrift wird immer ein Drittel größer geschrieben als der Text. Sinnvoll ist es zudem, wichtige Inhalte (Schlüsselwörter) hervorzuheben.

Bei mehrseitigen Dokumenten werden alle Blätter nummeriert. Nach der DIN 5008 ist die Seitennummerierung in der Fußzeile mit dem Text Seite … von … zulässig. Bei mehrseitigen Schriftstücken wie z. B. Berichten, Referaten, Stundenprotokollen etc. bietet es sich an, die Kopfzeile mit dem Namen, der Klassenbezeichnung, dem Datum und dem Thema zu beschriften. Hier aber auch darauf acht geben, dass das gesamte Dokument (einschließlich der Kopf- und Fußzeile) in einer Schriftart (z. B. Times New Roman) geschrieben ist.

Da wir mittlerweile eher Bilder als Text aufnehmen, ist es sinnvoll, Texte mit Schaubildern zu verdeutlichen. Wichtige Aussagen können auch durch Merksymbole betont werden. Hierbei ist darauf zu achten, dass die Bilder bzw. Grafiken nicht ablenken, sondern helfen, die Informationen besser aufzunehmen.

Ein Textverarbeitungsprogramm bietet viele Möglichkeiten, Texte zu gestalten. Es gilt aber der Grundsatz: Weniger ist oft mehr. Bei zu vielen Formatierungen erkennt man das Wichtige nicht mehr. Deshalb sollten nicht mehr als drei Schriftarten (Arial, Courier etc.), Schriftfarben, Schriftgrößen und Schriftschnitte (fett, kursiv) gewählt werden.

Kontrolle Lernelemente 8 a bis 8 c

Buch-staben Ziffern Zeichen	Tastaturseite		Um-schaltung		Kleiner Finger	Ring-finger	Mittel-finger	Zeige-finger	Mittelreihe		Ober-reihe	Unter-reihe	Ziffern-reihe	Spreizgriff		Kontrolle
	links	rechts	links	rechts					Grund-stellung	Mittel-reihe				links	rechts	
1	2		3		4				5					6		7
4																
8																
9																
3																
0																
5																
3																
9																
5																
8																
0																
9																
4																
3																
§																
(																
)																
%																
$																
=																
4																
)																
(																
0																
9																
)																
%																
8																
$																
§																
4																
9																
(																
§																

N! Eigene Notizen

Texte normgerecht erfassen

2.2 Lernaufgabe

Nun kenne ich schon einige Regeln zu Zahlengliederung und Sonderzeichen. Diese wende ich mittlerweile beim Erstellen von Schriftstücken an. Wichtig ist aber für mich nicht nur, dass ich **fehlerfrei** und **normgerecht** schreibe, sondern meine Dokumente sollen auch in einer ansprechenden **Form** gestaltet werden. So werden meine Dokumente übersichtlicher und die Informationen können folglich besser erfasst werden.

Lernelement 8 d
Tastwege 6, 7, ET-Zeichen, Schrägstrich

... Minuten

Arbeitsauftrag

1. **Füllen** Sie die Spalten 2 bis 6 der Tabelle zu Lernelement 8 d aus.

2. **Führen** Sie gewissenhaft die Kontrolle in Spalte 7 durch.

3. **Ergänzen** Sie Ihr Regelheft mit den neuen Regeln und Beispielen.

4. **Schreiben** Sie den Text von S. 82 ab.

5. **Kopieren** Sie die Beispiele des Textes zu den Zahlen und Sonderzeichen und ordnen Sie die Beispiele den entsprechenden Regeln zu.

6. **Verdeutlichen** Sie einige Regeln Ihres Regelheftes mit einer zusätzlichen Grafik. Dies ist hilfreich, um später rasch die entsprechende Regel zu finden.

7. **Speichern** Sie Ihre Daten ab.

Hausaufgaben

- **Schreiben** Sie den Text *Stundenprotokolle* ab.

- **Formatieren** Sie den Text unter Beachtung der Gestaltungsregeln (siehe LE 8 c).

- **Formulieren** Sie zu den Absätzen 2, 3 + 4 und 5 + 6 drei Teilüberschriften.

- **Kontrollieren** Sie, ob Sie bei Ihrem Ergebnis alle Gestaltungsregeln beachtet haben.

Lernelement 8 d

Ziffern: 6, 7
Sonderzeichen: ET-Zeichen, Schrägstrich
Zeigefinger/Spreizgriff – Ziffernreihe

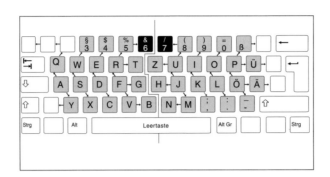

Im Lernelement 8 d werden die Tasten im Bereich des Tastaturschemas, Ziffern und Zeichen, die mit dem **Zeigefinger/Spreizgriff** bedient werden, erarbeitet. Die Tastwege der Finger sind durch Pfeile im Tastaturschema kenntlich gemacht.

Spalte 1	Spalte 2	Spalte 3	Spalte 4	Spalte 5	Spalte 6
6	= linke Seite		Zeigefinger	Ziffernreihe	rechts
7	= rechte Seite		Zeigefinger	Ziffernreihe	links
&	= linke Seite	U r	Zeigefinger	Ziffernreihe	rechts
/	= rechte Seite	U l	Zeigefinger	Ziffernreihe	links

Bezeichnungen:
& = Kaufmännisches „und" (Et-Zeichen)
/ = Schrägstrich

Nachdem die Ziffern und Zeichen kognitiv erarbeitet wurden, werden neben den motorischen Übungen die entsprechenden DIN-5008-Regeln behandelt.

Zusammengehörige Teile, die durch Zwischenräume gegliedert werden, dürfen auch an den Zwischenräumen nicht getrennt werden und sind mit einem geschützten Leerzeichen

$$\boxed{Strg} \text{ und } \boxed{⇧} \text{ und Leerzeichen} = °$$

gegen einen unbeabsichtigten Zeilenumbruch zu sichern.

Systemübung zu Lernelement 8 d

Buch-staben Ziffern Zeichen	Tastaturseite		Um-schaltung		Kleiner Finger	Ring-finger	Mittel-finger	Zeige-finger	Mittelreihe		Ober-reihe	Unter-reihe	Ziffern-reihe	Spreizgriff		Kontrolle
	links	rechts	links	rechts					Grund-stellung	Mittel-reihe				links	rechts	
1	2		3		4				5					6		7
6	X							X					X		X	6
7		X						X					X	X		7
&	X		X					X					X		X	&
/		X		X				X					X	X		/
7		X						X					X	X		7
6	X							X					X		X	6
/		X	X					X					X	X		/
&	X			X				X					X		X	&
7		X						X					X	X		7
6	X							X					X		X	6
&	X		X					X					X		X	&
/		X		X				X					X	X		/
7		X						X					X	X		7
6	X							X					X		X	6

Ordnungszahlen werden mit einem Punkt direkt hinter der Ziffer geschrieben.

```
6.°Frage, der 60.°Fahrschüler, 7.°Jahr, 77.°Klasse, 67.°Tag
```

Das **„Zeichen für und"** (ET-Zeichen) sollte nur in Firmennamen verwendet werden. Vor und nach diesem Zeichen steht ein Leerzeichen.

```
Schreiner°&°Sohn sind bekannt für preiswerte Küchenstudios.
Die Spezialwerkzeuge werden wir von Fischer°&°Co. beziehen.
Der Ex- und Import von Schneider°&°Kleine ist sehr bekannt.
```

Vor und nach dem **Schrägstrich** steht kein Leerzeichen. Er wird verwendet:

- als Bruchstrich
```
Ich benötige ein Rohr mit einem Durchmesser von 4°6/7°Zoll.
```

- als Zeichen für „gegen" in Rechtsstreitigkeiten
```
Das Verfahren Neumann°./.°Lüneburg wurde heute eingestellt.
```

- zur Bildung des Zeichens für Promille
```
Unsere Kreissparkasse hatte uns 5°o/oo°Provision berechnet.
```

- zur Nennung mehrerer Begriffe (z.°B. Verfassernamen)
```
Das Buch von Schneiders/Zindel/Salenbauch wurde eingeführt.
```

!! | **Übungsaufgabe zu Lernelement 8 d**

Das Stundenprotokoll

Das Stundenprotokoll sollte so verfasst sein, dass sich ein Mitschüler, der am Unterricht nicht teilgenommen hat, auf seiner Grundlage eine möglichst informative Orientierung über den Unterrichtsgegenstand verschaffen kann. Dazu bedarf es sachgerechter Informationen, klarer Formulierungen und einer guten Strukturierung.

Der Mitschüler muss sich auf die Richtigkeit eines Stundenprotokolls verlassen können. Das Protokoll muss vollständig sein, d. h. alle zum Thema enthaltenen Informationen beinhalten und neue Begriffe erläutern. Falls dem Protokollanten einzelne Zusammenhänge in der Stunde nicht klar geworden sind, sollte er beim Fachlehrer noch einmal nachfragen oder aber im Lehrbuch oder Lexikon nachschlagen und diese Informationen gegebenenfalls in kurzer Form zusätzlich in das Protokoll mit einfließen lassen.

Nutzen Sie den Anlass der Anfertigung eines Protokolls, um zu überprüfen, wie gut Sie den Gegenstand im Griff haben. Drücken Sie sich möglichst klar und präzise aus. Zur Vorbereitung des Protokolls sollten Sie sich in der Stunde genügend Stichworte notieren und diese später (möglichst bald nach der Stunde) ergänzen, ausarbeiten und ausformulieren.

Ein Stundenprotokoll umfasst ein bis zwei Seiten. Der Lernnutzen bei der Abfassung von Stundenprotokollen beruht (bezogen auf die Verfasserin bzw. den Verfasser) auf der Aufarbeitung des Unterrichtsgegenstandes. Ein Protokoll dient der schnellen Übersicht. Halten Sie sich dies immer vor Augen: Sie schreiben, um Ihre(n) Mitschüler(in) möglichst gut und gehaltvoll über den Gegenstand einer Stunde zu informieren. Stundenprotokolle sind stets Ergebnisprotokolle, keine Verlaufsprotokolle. Das heißt: Der Protokolltext muss in seiner Anordnung nicht dem zeitlichen Verlauf der Stunde entsprechen. Er soll Ergebnisse fixieren und diese in eine Ordnung bringen.

Das Protokoll sollte klar strukturiert sein. Überschriften und andere Gliederungshilfen sind in jedem Fall sinnvoll. Je klarer ein Text strukturiert ist, desto verständlicher ist er und desto besser erfüllt er seine Funktion. Die einzelnen Abschnitte des Protokolls sollten in der Regel aus ganzen Sätzen bestehen. Bloße Stichworte sind leicht missverständlich und meist schwerer lesbar. Eine Ausnahme bilden Aufzählungen von Beispielen. Solche Aufzählungen sollten aber ihrerseits durch erläuternde Sätze eingeleitet sein. Dennoch soll das Protokoll kein Aufsatz sein. Es geht um eine stichpunktartige Wiedergabe des Stundeninhalts in ausformulierten Sätzen!

Die Abschnitte sollten nicht zu lang sein, um übersichtlich zu bleiben, aber auch nicht zu kurz, um informativ statt nur aufzählend zu wirken.

Lernelement 8 e
Tastwege 1, 2, Ausrufezeichen, Anführungszeichen

A! **Arbeitsauftrag**

... Minuten

1. **Füllen** Sie die Spalten 2 bis 6 der Tabelle zu Lernelement 8 e aus.

2. **Führen** Sie gewissenhaft die Kontrolle in Spalte 7 durch.

3. **Ergänzen** Sie Ihr *Regelheft* mit den neuen Regeln und Beispielen.

4. **Schreiben** Sie die Beispielsätze auf S. 82 zur Regel „Anführungszeichen".

5. **Fügen** Sie in jedem der Sätze von S. 82 an der entsprechenden Stelle Anführungszeichen ein. Schauen Sie sich dazu die Richtlinien 8 bis 12 im Duden an.

6. **Vergleichen** Sie Ihr Ergebnis mit dem Ihres Tischnachbarn und **schauen** Sie bei Unstimmigkeiten nochmals im Duden nach.

7. **Schreiben** Sie die nachfolgenden Beispielsätze zur Regel „Datum". **Entscheiden** Sie, ob *den* oder *dem* geschrieben wird. **Vergewissern** Sie sich im Duden.

   - Ich bitte Sie, mein Fehlen am Mittwoch, _____ 10.11.20.., zu entschuldigen.
   - Nächsten Donnerstag, _____ 22. Juli 20.., beginnen die Ferien.
   - Dienstag, _____ 1. Mai 20.. reisen wir ab.

8. **Vergleichen** Sie Ihr Ergebnis mit dem Ihres Tischnachbarn und **schauen** Sie bei Unstimmigkeiten nochmals im Duden nach.

9. **Speichern** Sie Ihre Daten ab.

H! **Hausaufgaben**

- **Schreiben** Sie den Text „Wie schreibe ich ein Referat? (1)".
- **Gestalten** Sie den Text.
- **Kontrollieren** Sie, ob Sie alle Gestaltungsregeln beachtet haben.

Lernelement 8 e   *Ziffern: 2, 1*
Sonderzeichen: Ausrufe-, Anführungs- und
Fragezeichen, Akzente
Kleiner Finger – Ziffernreihe

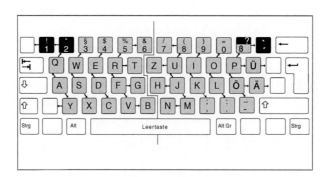

Im Lernelement 8 e werden die Tasten im Bereich des Tastaturschemas, Ziffern und Zeichen, die mit dem **kleinen Finger** bedient werden, erarbeitet. Die Tastwege der Finger sind durch Pfeile im Tastaturschema kenntlich gemacht.

Spalte 1	Spalte 2	Spalte 3	Spalte 4	Spalte 5	Spalte 6
2	= linke Seite		kleiner Finger	Ziffernreihe	
1	= linke Seite		kleiner Finger	Ziffernreihe	links
!	= linke Seite	U r	kleiner Finger	Ziffernreihe	links
"	= linke Seite	U r	kleiner Finger	Ziffernreihe	
?	= rechte Seite	U l	kleiner Finger	Ziffernreihe	
´	= rechte Seite		kleiner Finger	Ziffernreihe	rechts
`	= rechte Seite	U l	kleiner Finger	Ziffernreihe	rechts

Bezeichnungen:
! = Ausrufezeichen
? = Fragezeichen
" = Anführungszeichen
´ = accent aigu (Akut)
` = accent grave (Gravis)

Nachdem die Ziffern und Zeichen kognitiv erarbeitet wurden, werden neben den motorischen Übungen die entsprechenden DIN-5008-Regeln behandelt.

Zusammengehörige Teile, die durch Zwischenräume gegliedert werden, dürfen auch an den Zwischen-räumen nicht getrennt werden und sind mit einem geschützten Leerzeichen

Strg und ⇧ und Leerzeichen = °

gegen einen unbeabsichtigten Zeilenumbruch zu sichern.

Systemübung zu Lernelement 8 e

Buch-staben Ziffern Zeichen	Tastaturseite		Um-schaltung		Kleiner Finger	Ring-finger	Mittel-finger	Zeige-finger	Mittelreihe		Ober-reihe	Unter-reihe	Ziffern-reihe	Spreizgriff		Kontrolle
	links	rechts	links	rechts					Grund-stellung	Mittel-reihe				links	rechts	
1	2		3		4				5					6		7
1	X				X								X	X		1
2	X				X								X			2
!	X			X	X								X	X		1 "
"	X			X	X								X			"
?		X	X		X								X			2 ?
´		X			X								X		X	:
`		X			X								X		X	:
1	X				X								X	X		1 2
?		X			X								X			2
2	X				X								X			2 2
´		X			X								X		X	1 "
"	X			X	X								X			1
!	X			X	X								X	X		1 0
1	X				X								X	X		1 2
`		X	X		X								X		X	1 2
?		X	X		X								X			2
2	X				X								X			2
!	X			X	X								X	X		1 0

Das **Datum** wird numerisch oder alphanumerisch geschrieben. Bei der alphanumerischen Schreibweise wird eine einstellige Tagangabe nicht mit einer Null ergänzt.

```
11.11.2011, 2011-11-11, 2011-09-06, 11.°November°2011, 6.°September°2011
Er wird voraussichtlich am Dienstag, dem 1.°April°2011, hier eintreffen.
```

Ausrufezeichen und **Fragezeichen** folgen dem Wort oder Schriftzeichen ohne Leerzeichen.

```
Viel Glück! Alles Gute! Bleiben Sie gesund! Ruhe bitte! Ah!
Ist der Bericht auch richtig? Arbeitet er mit uns zusammen?
```

Anführungszeichen werden ohne Leerzeichen vor und nach den Textteilen, die von ihnen eingeschlossen sind, geschrieben.

```
"Wir können heute länger arbeiten", sagte die Büroleiterin.
Die Partei, die Beschwerde einlegt, ist "Beschwerdeführer"!
```

Akzentzeichen – zuerst wird das Akzentzeichen eingegeben und anschließend der entsprechende Buchstabe. Ohne Umschaltung: Akut (Accent aigu), z. B. Exposé; mit Umschaltung: Gravis (Accent grave), z. B. Crème.

```
René, André, Adèle, Après-Ski; Léon und Eugène kommen aus Wien.
Crème de la Crème, lève-toi! (steh auf!), le lièvre (der Hase),
```

18.12
Norm Zahengliederungen
Din
8 a-8e

!! Übungsaufgabe zu Lernelement 8 e

Wie schreibe ich ein Referat? (1)

Ein Referat ist eine Show, eine Inszenierung und ein Ritual. Gerade deshalb sollten einige wenige, aber dafür umso wichtigere Formalitäten stets beachtet werden. Das Referat stellt zweierlei vor: das Thema und den Referenten bzw. die Referentin.

Die Vorbereitung sollte Folgendes beachten: Genaue Themenanalyse, -abgrenzung und Zielsetzung: Worüber soll mit welchem Ziel und in welchem Zeitrahmen referiert werden?

Die Materialsammlung kann als Literaturrecherche und als Internetrecherche erfolgen. Wichtig sind in jedem Fall exakte Quellenangaben. Kleiner Tipp: Auf einem Extrablatt eine Übersicht über die benutzten Quellen (Bücher, Homepages, Zeitschriften) anlegen und jeweils eine knappe Quellenbeschreibung notieren, aus der Inhalt, Tendenz und die Stelle hervorgeht, die man benutzt hat.

Auch die Bereitstellung von Medien (Tafel, Flipchart, Karten, Kassettenrekorder, Video oder Film) muss sorgfältig geplant sein. Beschränke deine Auswahl lieber gewissenhaft, als ein Übermaß an Medien zu benutzen (Tipp: Der Zuhörer nimmt viel mehr über die Augen auf als über die Ohren).

Die Verarbeitung der Informationen verlangt eine sachgerechte Auswahl und wirkungsvolle Gliederung, z. B. mit einem motivierenden Einstieg, der Neugier weckt und Orientierung gibt. Das könnte ein Einstieg über ein Zitat, eine These oder die eigene Meinung sein.

Der Hauptteil, der chronologisch (aber nicht zu eintönig und ermüdend) oder problembezogen sich steigernd strukturiert sein kann, sollte aber einen deutlichen Schwerpunkt haben. Nach dem Grundsatz, dass der Referent sehr viel mehr wissen muss als seine Zuhörer, ist für die Informationsauswahl ein strenger Maßstab anzulegen: Welche Informationen sind wichtig? Auf welche Einzelheiten sollte verzichtet werden, weil sie die Aufnahmefähigkeit der Zuhörer überfordern?

Mit abrundendem Schluss durch eine Zusammenfassung oder einen Ausblick endet das Referat.

L? 2.3 Lernaufgabe

Das letzte Lernelement habe ich erreicht. Noch einige DIN-5008-Regeln und die Tastaturschulung ist zunächst beendet. Mein Regelheft stelle ich noch sorgfältig fertig. Dies wird mich das ganze Schuljahr begleiten. Die DIN-Regeln kommen immer wieder vor; ich erkenne die Vorteile des sicheren und normgerechten Tastschreibens nach DIN 2137 sowie DIN 5008 für die Texterfassung.

Lernelement 8 f
Tastwege Plus-, Nummern-, Auslassungs- und Gradzeichen, Sternchen

... Minuten

A! Arbeitsauftrag

1. **Füllen** Sie die Spalten 2 bis 6 der Tabelle zu Lernelement 8 f aus.

2. **Führen** Sie gewissenhaft die Kontrolle in Spalte 7 durch.

3. **Ergänzen** Sie Ihr *Regelheft* mit den neuen Regeln und Beispielen (S. 81 und 83).

4. **Kontrollieren** Sie anhand der Übung auf Seite 83, ob Sie alle Regeln beherrschen.

5. **Vergleichen** Sie die Kreuzchen Ihres Tischnachbarn. Stimmen diese mit Ihren überein?

6. **Schreiben** Sie nun alle Sätze korrekt ab.

7. **Fügen** Sie in Ihr Regelheft ein Inhaltsverzeichnis ein (siehe TV-Funktionsteil).

8. **Gestalten** Sie Ihr Regelheft fertig und heften Sie es ab.

9. **Speichern** Sie Ihre Daten ab.

H! Hausaufgaben

- **Schreiben** Sie den Text „Wie schreibe ich ein Referat? (2)".
- **Gestalten** Sie den Text.
- **Kontrollieren** Sie, ob Sie alle Gestaltungsregeln beachtet haben.

Lernelement 8 f   *Sonderzeichen:*
Plus, Nummern-, Auslassungs- und Gradzeichen,
Sternchen,
Kleiner Finger/Spreizgriff – Ziffernreihe

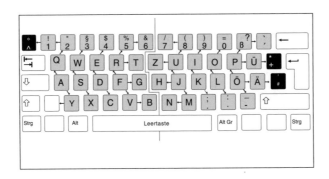

Im Lernelement 8 f werden die Tasten im Bereich des Tastaturschemas, Ziffern und Zeichen, die mit dem **kleinen Finger/Spreizgriff** bedient werden, erarbeitet. Die Tastwege der Finger sind durch Pfeile im Tastaturschema kenntlich gemacht.

Spalte 1	Spalte 2	Spalte 3	Spalte 4	Spalte 5	Spalte 6
+	= rechte Seite		kleiner Finger	Oberreihe	rechts 1*
#	= rechte Seite		kleiner Finger	Mittelreihe	rechts 1*
*	= rechte Seite	U l	kleiner Finger	Oberreihe	rechts 1*
°	= linke Seite	U r	kleiner Finger	Ziffernreihe	links 1*
^	= linke Seite		kleiner Finger	Ziffernreihe	links 1*
'	= rechte Seite	U l	kleiner Finger	Mittelreihe	rechts 1*

Bezeichnungen:
+ = Pluszeichen
# = Nummernzeichen
* = Stern
° = Gradzeichen
' = Apostroph (Auslassungszeichen)
^ = accent circonflexe (Zirkumflex)

* Bei rechts 1 wird der Finger noch um eine Taste weiter gespreizt! In der Systemspalte 6 neben das Kreuz die Ziffer 1 setzen: x^1

Nachdem die Ziffern und Zeichen kognitiv erarbeitet wurden, werden neben den motorischen Übungen die entsprechenden DIN-5008-Regeln behandelt.

Zusammengehörige Teile, die durch Zwischenräume gegliedert werden, dürfen auch an den Zwischenräumen nicht getrennt werden und sind mit einem geschützten Leerzeichen

[Strg] und [⇧] und Leerzeichen = °

gegen einen unbeabsichtigten Zeilenumbruch zu sichern.

Systemübung zu Lernelement 8 f

Buch-staben Ziffern Zeichen	Tastaturseite		Um-schaltung		Kleiner Finger	Ring-finger	Mittel-finger	Zeige-finger	Mittelreihe		Ober-reihe	Unter-reihe	Ziffern-reihe	Spreizgriff		Kontrolle
	links	rechts	links	rechts					Grund-stellung	Mittel-reihe				links	rechts	
1	2		3		4				5					6		7
#																
+																
*																
'																
°																
#																
^																
+																
*																
^																
#																
'																
+																
#																
°																
*																
°																

Für **„geboren"** können Sie das Sternchen *, für **„gestorben"** das Pluszeichen + verwenden.

Friedrich von Schiller *°1759, +°1805 - Karl Marx *°1818, +°1883

Das Zeichen für **„Nummer(n)"** dürfen Sie nur in Verbindung mit einer darauffolgenden Zahl benutzen.

Die Preise für die Artikel #°323 und 434 werden um 5°% erhöht.

Alleinstehende, **hochgestellte Zeichen** folgen dem Zahlenwert ohne Leerzeichen. Ausnahme: 3 °C

Die Rohre der Firma Maurermann haben einen Durchmesser von 2".
Der Winkel hat 90°. Das Auto von Paula Tau drehte sich um 40°.
Ausnahme:
Die Temperaturen in der Wüste Sahara erreichen sehr oft 45°°C.

Der **Apostroph (das Auslassungszeichen)** ersetzt ausgelassene Buchstaben oder Wortteile. Er wird auch als **halbes Anführungszeichen** verwendet.

Wie geht's? Wie steht's? Hätten Sie's gewusst? Ku'damm.
Er schreibt: „Ich kann euch nur empfehlen, den ‚Fänger im Roggen'
einmal zu lesen."

Zirkumflex (Accent circonflexe) – zuerst wird das Akzentzeichen eingegeben und anschließend der entspre-chende Buchstabe.

Crêpe, un survêtement, un gâteau, des mûres, un chaîne hi-fi,

!! Übungsaufgabe zu Lernelement 8 f

Wie schreibe ich ein Referat? (2)

Die Präsentation gelingt am besten, wenn die Kommunikationssituation beachtet wird. Die Zuhörer sind in der Regel über das spezielle Thema unkundig – der Referent dagegen ist der Experte, der „ankommen" muss.

Ein Interesse weckender Einstieg (z. B. eine überraschende Frage, ein Bildimpuls, ein originelles Zitat, eine provozierende These) und eine Information über Ziele und Hauptpunkte des Aufbaus können sich anschließen.

Das halbfreie Sprechen, gestützt auf einen Stichwortzettel oder Karteikarteneinträge, ermöglicht eine lebendige Mimik und Gestik mit Blickkontakt zu den Zuhörern; so fällt auch der richtige Medieneinsatz leichter.

Verständnishilfen wie Zwischengliederungen, Veranschaulichungen, die Erklärung von Fachbegriffen an der Tafel, ein Grundgerüst von Daten oder ein Arbeitsblatt mit „Lückentext" erleichtern das aktive Zuhören und vor allem das Mitschreiben.

Texte normgerecht erfassen

Ü!   E-Mail-Adresse – Zahlengliederung DIN 5008 8 f

E-Mail-Adresse: Sie besteht aus der Empfängerbezeichnung, dem AT-Zeichen (@/"Klammeraffe") und dem Anbieter des Zugangs zum Internet = Provider. In der E-Mail-Adresse sollten keine Umlaute, kein ß, keine Leerzeichen und keine Sonderzeichen enthalten sein. Die einzelnen Gruppen können durch Punkt, Mittestrich oder Grundstrich voneinander getrennt werden.

```
zeitarbeit@t-online.de, peter.schuetz@gmx.net
```

Postleitzahlen schreiben Sie fünfstellig ohne Leerzeichen.

```
Die Postleitzahl von Heringen ist 99765, die von Weg 84405.
```

Postfachnummern werden zweistellig von rechts gegliedert.

```
Senden Sie uns bitte Ihr Angebot an unser Postfach°10°30°45.
```

Die Bankleitzahl wird von links nach rechts beginnend in zwei 3er-Gruppen und eine 2er-Gruppe geschrieben. Die **Kontonummer** wird nicht gegliedert.

```
Schreiben Sie den Betrag dem Konto°112 BLZ°530°500°12 gut.
```

Telefonnummer (Tel.): Die einzelnen Funktionen (Landesvorwahl, Ortsnetzkennzahl, zentrale Durchwahl) werden durch je ein Leerzeichen gegliedert. Vor der Durchwahlnummer steht ein Mittestrich.

Um die Lesbarkeit zu erhöhen, können Sie funktionsbezogene Teile von Telefonnummern durch Fettschrift oder Farbe hervorheben.

```
Einzelanschluss:          Tel.°02151°43321
Durchwahlanschluss:       Tel.°04013°786-407
Zentrale Abfragestelle:   Tel.°04013°786-0
International:            Tel.°+41°31°77346635
```

```
Rufen Sie bitte Dr. H. Klug in Kaiserslautern an (0631°2324).
Dr. Paul Sellbei erreichen Sie direkt unter 06331°123-3456.
```

Telefaxnummer (Telefax, Fax oder Tfx): Die einzelnen Funktionen (Landesvorwahl, Ortsnetzkennzahl, zentrale Durchwahl) werden durch je ein Leerzeichen gegliedert. Um die Lesbarkeit zu erhöhen, können Sie funktionsbezogene Teile von Telefonnummern durch Fettschrift oder Farbe hervorheben.

```
Einzelanschluss:          Fax°02351°48321
Durchwahlanschluss:       Fax°04013°886-407
International:            Fax°+41°61°77346635
```

```
Bitte übermitteln Sie uns Ihre Antwort an Fax°06230°965433.
```

Ü! Fehlertext zu LE 8 b

	Korrektur
Der neue Großmarkt bietet 4 kg Mehl für 3.99 EUR an.	
3940 Unterschriften konnten wir für unsere Aktion sammeln.	
Wussten Sie, dass die Weltreise für Sie nur 3.099$ kostet?	
Bitte ergänzen Sie auf den Vordrucken die Punkte a und b.	
Um 04.30 Uhr fährt ein Interregio nach Wolfsburg.	
B= Byte, KB= Kilobyte, MB= Megabyte,	
Der Käufer kann nach §439 BGB als Nacherfüllung die Beseitigung des Mangels verlangen.	
Die § 30 – 34 der Satzung werden überarbeitet.	
Jedes Vereinsmitglied muss 30,00 EUR zahlen.	

Ü! Text zu LE 8 d

Die Klassen A und F der Berufsfachschule planen gemeinsam eine Klassenfahrt. Vorgesehen ist eine 4-Tage-Reise nach Hamm (Sieg). Wir haben beim Reisebüro Müller & Sonnenschein ein Angebot eingeholt. Die Kosten für die Busfahrt und die Unterbringung in einem Jugendhotel belaufen sich auf 3.450 €. Bei einer Buchung bis Ende Februar erhalten wir einen 3%igen Rabatt. Umgerechnet auf 43 Schüler/-innen muss jeder ca. 80 € bezahlen. In dem Jugendhotel werden wir in einem 4-Bett-Zimmer mit Dusche/WC untergebracht. Laut § 7 der Hausordnung ist der Konsum von mitgebrachten alkoholischen Getränken in den Räumen und auf dem Gelände grundsätzlich nicht erlaubt. In den §§ 2 und 3 ist festgelegt, dass wir am Anreisetag bis spätestens 18:00 Uhr eintreffen müssen und am Abreisetag bis 09:00 Uhr die Räume geräumt sein müssen.

Ü! Fehlertext zu LE 8 e

Es ist unbegreiflich, wie ich das hatte vergessen können, sagte Katrin.

Immer muss ich arbeiten!, seufzte sie.

Er fragte: Kommst du morgen?

Fragtest du: Wann beginnt der Film??

Sie fragte: Brauchen Sie die Unterlagen?, und öffnete die Schublade.

Sie las den Artikel Chance für eine diplomatische Lösung in der Wochenpost.

Das Sprichwort Eile mit Weile hörte man oft.

Ü! Übung zu LE 8 f

Sind die folgenden Sätze richtig oder falsch geschrieben?	richtig	falsch
Am 02. Oktober 2002 unterschrieb der Sänger einen neuen Plattenvertrag.	☐	☐
Im Jahr 2004 wurde er mit dem deutschen Musikpreis „Echo" ausgezeichnet.	☐	☐
Im Berliner Velodrom präsentierte er vor 8000 Fans Titel aus seinem Album.	☐	☐
Das günstigste Ticket kostete 84,50 €, das teuerste 188 € (plus Vorverkaufsgebühr).	☐	☐
Jugendlichen ab 16 Jahren ist laut den § 4 und 5 des Jugendschutzgesetzes	☐	☐
der Besuch von Gaststätten oder Tanzveranstaltungen bis 24:00 Uhr gestattet.	☐	☐
Jugendliche = Personen, die 14 aber noch nicht 18 Jahre alt sind (JuSchG).	☐	☐
Sie ehrten Michael Schumacher als 5fachen Formel-1-Weltmeister.	☐	☐
Franziska van Almsick gewann in Barcelona die 4 x 100 m Freistilstaffel.	☐	☐
Ein Blutalkoholwert von 1,1 o/oo gilt generell als Straftat. Außerhalb	☐	☐
geschlossener Ortschaften gilt eine Höchstgeschwindigkeit von 100 km/h.	☐	☐
Am 1.12.06, 02:30 Uhr, wurde ein 25-jähriger Fahrer von der Polizei angehalten.	☐	☐
In dem Rechtsstreit Müller & Co. KG . / . Peters wird das Urteil morgen verkündet.	☐	☐
Bereits 3-mal haben wir an die Zusendung der Ausgabe März/April erinnert.	☐	☐
Du kannst gehen, sagte die Mutter zu Ihrer Tochter Cathérine.	☐	☐
Andreas fragte mich:„Hast du den Artikel 'EU-Erweiterung' gelesen."	☐	☐
Achtung! Auf die Artikel # 100 bis 120 gewähren wir einen 20-%igen Rabatt.	☐	☐
Johannes Rau, ehemaliger Bundespräsident, *1931 in Wuppertal, +2006.	☐	☐
Jean-Pierre fragte:„Wie geht's? Lass uns zusammen ein Crêpe essen gehen!"	☐	☐

F? Funktionsjournal

In der zweiten Lernsituation habe ich folgende Funktionen angewendet. Zur Festigung notiere ich die Funktionen (Arbeitsschritte in Kurzform). Dazu kreuze ich, je nachdem was ich benutze, das Menü, das Kontextmenü, die Symbolleiste oder den Shortcut an.

TV-Programm

	Menü	Kontext-Menü	Symbol-leiste	Short-cut	Ausführung
Fettdruck	☐	☐	☐	☐	
Schriftart	☐	☐	☐	☐	
Schattieren	☐	☐	☐	☐	
Rahmen	☐	☐	☐	☐	
Textteile kopieren	☐	☐	☐	☐	
Textteile einfügen	☐	☐	☐	☐	
Textteile ausschneiden	☐	☐	☐	☐	
Format übertragen	☐	☐	☐	☐	
Textteile sortieren	☐	☐	☐	☐	
Manueller Seitenumbruch	☐	☐	☐	☐	
Grafik einfügen	☐	☐	☐	☐	
Grafik positionieren	☐	☐	☐	☐	

Texte normgerecht erfassen

R Lernjournal – Reflexion

Nachdem ich die zweite Lernsituation beendet habe, möchte ich wieder ein Feedback über meine neu erworbenen Kompetenzen geben.

Fertigkeiten:	Kenne ich alle Bewegungsabläufe zu den Ziffern und Zeichen? Welche Schreibgeschwindigkeit erreiche ich nun? Beherrsche ich die Regeln der DIN 5008:2011?
Zeit:	Wieviel Zeit nehme ich mir in der Woche zum Tastaturtraining?
Arbeitsvorgehen:	Was war schwierig, was war leicht?
Stärken:	Was ist mir gut gelungen? Worauf bin ich ein bisschen stolz?
Schwächen:	Wo waren Schwierigkeiten, die ich noch nicht bewältigen konnte?
Gefühle:	Zum Beispiel: Es macht mir Spaß, ich hatte Null-Bock …
Weiteres Vorgehen:	In welchen Situationen werde ich das DIN-Regel-Heft benutzen?

Selbsteinschätzung

Texte normgerecht erfassen

N! **Eigene Notizen**

Word-Bildschirmaufbau

Nach dem Programmstart: **Start – Alle Programme – Microsoft Office – Word 2010** öffnet sich der Word-Bildschirm, automatisch wird die leere Datei Dokument1 geladen.

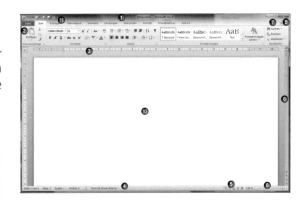

1. Titelleiste	7. Bildschirm minimieren, verkleinern
2. Menüband	8. Zoommodus
3. Lineal	9. Schließen
4. Statuszeile	10. Textfeld
5. Bildschirmansichten	11. Symbolleiste für Schnellzugriff
6. Bildlaufleiste	

Das Menüband

Das Menüband unterteilt sich in die drei Bereiche Registerkarten, Gruppen und Befehle.

1. Registerkarten. Es gibt acht Registerkarten am oberen Rand. Jede stellt einen Aktivitätsbereich dar, z. B. enthält die Registerkarte **Start** alle Elemente, die Sie am häufigsten verwenden.

2. Gruppen. Jede Registerkarte ist in mehrere Gruppen unterteilt, in denen verwandte Elemente zusammen angezeigt werden.

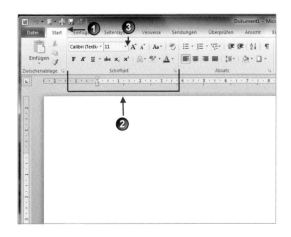

3. Befehle. Ein Befehl ist eine Schaltfläche, ein Feld zum Eingeben von Informationen oder ein Menü, z. B. die Befehle in der Gruppe **Schriftart** zum Ändern der Schriftart für Text: Schriftart, Schriftgröße, Fett, Kursiv usw.

Bestimmte Registerkarten werden nur angezeigt, wenn Sie sie benötigen. Die Registerkarte **Bildtools** wird erst angezeigt, wenn Sie ein Bild eingefügt haben. Klicken Sie auf die Registerkarte. Für die Arbeit mit Bildern werden zusätzliche Gruppen und Befehle, z. B. die Gruppe Bildformatvorlagen, angezeigt. Wenn Sie außerhalb des Bildes klicken, wird die Registerkarte **Bildtools** nicht mehr angezeigt und die anderen Gruppen sind wieder zu sehen.

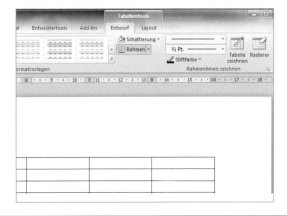

Außerdem werden bei Bedarf Registerkarten für andere Aktivitätsbereiche wie **Tabellen, Zeichnungen** und **Diagramme** angezeigt.

Startprogramm für ein Dialogfeld

Einige Gruppen verfügen in der **rechten unteren Ecke** über einen diagonalen kleinen **Pfeil.**

Dieser Pfeil wird als "Startprogramm für ein Dialogfeld" bezeichnet. Wenn Sie auf den **Pfeil** klicken, werden weitere Optionen, die sich auf die Gruppe beziehen, angezeigt. Die Optionen werden oft in Form eines Dialogfelds oder in einem Aufgabenbereich angezeigt.

Diese Dialogfelder erreichen Sie auch mit einer Tastenkombination, z. B. Schriftart **STRG + D.**

Symbolleiste für den Schnellzugriff

Die Symbolleiste für den Schnellzugriff befindet sich oberhalb von dem Menüband. Sie enthält die Elemente, die Sie tagtäglich verwenden: Speichern, Rückgängig und Wiederholen. Sie können die von Ihnen bevorzugten Befehle hinzufügen, sodass sie von jeder Registerkarte aus verfügbar sind.

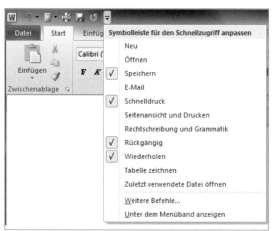

Klicken Sie mit der rechten Maustaste auf den gewünschten Befehl (z. B. Spalten) und aktivieren Sie dann **Zu Symbolleiste für den Schnellzugriff hinzufügen.**

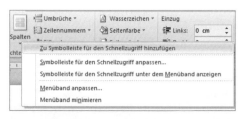

Den Befehl entfernen Sie wieder, indem Sie mit der rechten Maustaste auf das Symbol gehen und **Aus Symbolleiste für den Schnellzugriff entfernen.**

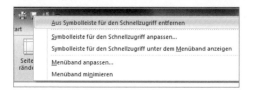

Neues Dokument aufrufen

Beim Programmstart wird automatisch ein neues Dokument geöffnet – **Dokument1**.

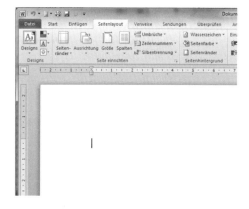

Auf dem leeren Arbeitsblatt können Sie neue Texte eingeben.

Neues Dokument erstellen

Auf der Registerkarte Datei klicken Sie auf Neu oder benutzen Sie die Tastenkombination **STRG + N**. Hier können Sie nun leere Dokumente oder fertige Vorlagen aufrufen.

Datei öffnen

Gespeicherte Dateien können Sie öffnen und bearbeiten. Hierzu wird die Datei auf dem Datenträger gelesen und in den Arbeitsspeicher kopiert.

Das Dialogfenster **Öffnen** erreichen Sie auf der **Registerkarte Datei.** Klicken Sie auf **Öffnen** oder benutzen Sie die Tastenkombination **STRG + O.**

Nun müssen Sie nur noch das Laufwerk/Verzeichnis und den entsprechenden Ordner festlegen, **Dateiname** anklicken und **Öffnen** bestätigen.

Seite einrichten

Für Geschäftsbriefe oder andere Schriftstücke wählen Sie eine Standardeinstellung. Die Seitenränder oder das Papierformat können Sie nach Ihrem Bedarf auch verändern.

Word 2003

Um die Seitenränder zu ändern, gehen Sie auf Menü **Datei – Seite einrichten.**

Word 2007/2010

Um die Seitenränder oder das Papierformat zu verändern, gehen Sie auf die Registerkarte **Seitenlayout** – Gruppe **Seite einrichten.**

Klicken Sie auf den Pfeil in der rechten unteren Ecke. Nun öffnet sich das nebenstehende Dialogfeld. Im Register **Seitenränder** geben Sie die neuen Maße ein. Wollen Sie die Maße für alle Dokumente verwenden, klicken Sie Standard an. Die Abfrage beantworten Sie mit ja. In diesem Register können Sie auch zwischen Hochformat und Querformat wählen.

Tipp: Soll Ihr Dokument doppelseitig gedruckt werden, wählen Sie für die Seitenränder die Option **Gespiegelt** und passen dann über benutzerdefinierte Seitenränder die Werte entsprechend an.

Neue Seite einfügen

Wenn Sie eine neue Seite einfügen möchten, drücken Sie die Tastenkombination **Strg** + **Return.**

Befehle rückgängig machen

Da Word sämtliche Bearbeitungs- und Formatierungsschritte registriert, besteht für Sie die Möglichkeit, mehrere Befehle bzw. den zuletzt ausgeführten wieder rückgängig zu machen.

Klicken Sie in der Symbolleiste für den Schnellzugriff auf die Schaltfläche **Rückgängig** oder die Tastenkombination **STRG + Z;** zum **Wiederherstellen** benutzen Sie **STRG + Y** oder die entsprechende Schaltfläche.

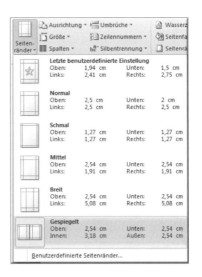

Kopf- und Fußzeilen gestalten

Kopfzeilen sind Textteile, die immer am Beginn der Seite stehen. Sie liegen außerhalb des Satzspiegels und müssen am oberen und unteren Rand dazugerechnet werden. Sie enthalten Kapitelüberschriften oder Name und Datum. Die Fußzeilen finden Sie unterhalb des Textbereiches. Sie enthalten oft die Seitennummerierung.

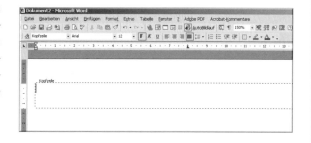

Word 2003

Sie finden den Befehl über das Menü **Ansicht – Kopf- und Fußzeile.** Word wechselt zur Seitenlayout-Ansicht. Die Einfügemarke befindet sich im Kopfzeilenbereich und die Symbolleiste „Kopf- und Fußzeile" wird angezeigt.

Geben Sie Ihren gewünschten Text ein. Zum Einfügen von Dateiname und Pfad, Seitenzahlen, aktuellem Datum oder aktueller Zeit stehen die Schaltflächen der Symbolleiste Kopf- und Fußzeile zur Verfügung.

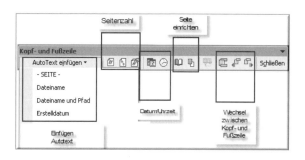

Word 2007/2010

Sie finden die Befehle in der Registerkarte **Einfügen** – Gruppe **Kopf- und Fußzeile.** Klicken Sie auf den gewünschten Befehl. Wählen Sie ein Layout aus. Word wechselt nun zur Seitenlayout-Ansicht. Die Einfügemarke befindet sich im Kopfzeilenbereich und die Kopf- und Fußzeilentools – Entwurf – werden angezeigt.

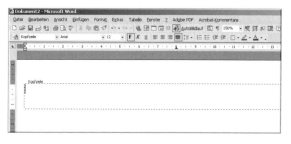

Geben Sie im Kopfzeilenbereich den gewünschten Text ein, den Sie beliebig formatieren können. In der Registerkarte **Entwurf der Kopf- und Fußzeile** stehen Ihnen weitere Befehle (Einfügen von Bildern, Seitenzahlen, aktuellem Datum oder aktueller Zeit etc.) zur Verfügung.

Kopf- und Fußzeilen bearbeiten

Wollen Sie bereits bestehende Kopf- und Fußzeilen weiterbearbeiten, müssen Sie diesen Bereich erneut aktivieren. Doppelklicken Sie dazu im Kopf- bzw. Fußzeilenbereich. Die Überarbeitung findet über die Symbolleiste **Kopf- und Fußzeile** (Word 2003) bzw. über die kontextbezogene Registerkarte **Kopf- und Fußzeilentools/Entwurf** statt.

Seitenzahl einfügen

Bei umfangreichen Schriftstücken beginnt die Seitennummerierung nach dem Deckblatt. Sie endet mit der letzten Seite. Wenn eine Seitenbegrenzung vorgegeben wird, bezieht sich diese lediglich auf den Inhalt (Einleitung, Hauptteil, Schluss). Für einen Vorspann (Verzeichnisse, Glossar und Vorwort) können Sie je nach Vorgaben römische Zahlen verwenden, sodass der Textteil mit der arabischen Ziffer 1 beginnt.

Word 2003

Klicken Sie im Menü – **Einfügen** – **Seitenzahlen.** Wählen Sie die Position und die Ausrichtung.

Unter **Format** erreichen Sie das Dialogfeld **Seitenzahlformat.** Hier finden Sie eine Auswahl von verschiedenen Zahlenformaten.

Word 2007/2010

Diesen Befehl finden Sie unter der Gruppe **Kopf- und Fußzeile** – **Seitenzahl** – **Seitenzahlen.**

Klicken Sie auf den Eintrag **Seitenende,** wählen Sie im Untermenü den Eintrag **Einfache Zahl.**

Klicken Sie auf die Schaltfläche **Kopf- und Fußzeile schließen** – oder klicken Sie doppelt in den Textbereich.

Römische und arabische Seitenzahlen

Möchten Sie die Nummerierung des Vorspanns in römischen Zahlen gestalten, so stellen Sie zunächst die römischen Zahlen ein. Dann setzen Sie, bevor die arabischen Seitenzahlen beginnen, am Ende der Seite einen (manuellen) Umbruch.

Word 2003

Gehen Sie über **Einfügen** – **Manueller Umbruch** – **Abschnittsumbruch** – **Nächste Seite.**

Word 2007/2010

Gehen Sie auf die Registerkarte **Seitenlayout** – Gruppe **Umbrüche** – **Abschnittsumbruch** – **Nächste Seite.**

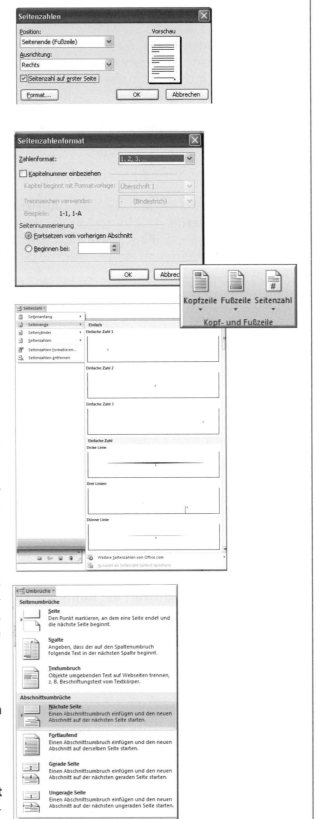

Absatzkontrolle aktivieren

Vermeiden Sie sog. „Hurenkinder" (die letzte Zeile vom Absatz rutscht auf die neue Seite) und „Schusterjungen" (ein Absatz wird direkt nach der ersten Zeile auf eine neue Seite umgebrochen), indem Sie in Ihrem Programm die Absatzkontrolle einstellen.

Word 2003

Gehen Sie über das Menü **Format – Absatz** – Registerkarte **Zeilen und Seitenumbruch – Absatzkontrolle** aktivieren.

Word 2007/2010

Gehen sie auf die Registerkarte **Start** – Gruppe **Absatz** – Registerkarte **Zeilen- und Seitenumbruch – Absatzkontrolle** aktivieren.

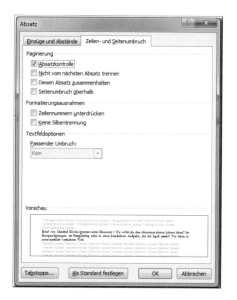

Silbentrennung aktivieren

Sie sollten grundsätzlich die Silbentrennung aktivieren, damit am rechten Rand in linksbündigen Texten die Zeilen nicht zu unregelmäßig umgebrochen werden oder im Blocksatz zu große Leerräume zwischen den Wörtern eingefügt werden. Allerdings sollten Sie die Trennungen immer überprüfen, da sich manchmal unschöne bzw. falsche Trennungen einschleichen. Wenn Sie eine Wortkopplung wie MS-Word nie am Zeilenende trennen möchten, drücken Sie die Tastenkombination Strg + – (Bindestrich).

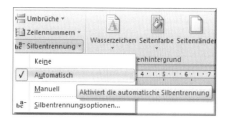

Word 2003

Gehen Sie über das Menü **Extras – Sprachen – Silbentrennung** und aktivieren Sie **Automatische Silbentrennung.**

Datei speichern

Wenn Sie einen Text schreiben, befindet er sich zunächst im Arbeitsspeicher, der nach jedem Ausschalten des Rechners gelöscht wird. Damit Ihr Text nicht verloren geht, müssen Sie ihn vorher speichern, z. B. auf die Festplatte oder auf den USB-Stick.

Den Speicherbefehl erreichen Sie auf der Registerkarte **Datei.** Klicken Sie dann auf **Speichern unter** oder benutzen Sie die Funktionstaste **F12.** Nun öffnet sich ein Dialogfenster. Hier können Sie den Speicherort bestimmen (z. B. Festplatte C:, Wechselträger E:) und Ihrer Datei einen Namen geben.

Ihr Dokument können Sie direkt in ein anderes Format (z. B. frühere Version) abspeichern. Dazu gehen Sie auf **Dateityp** und klicken auf Ihr gewünschtes Format. Nachdem Sie alle Einstellungen vorgenommen haben, gehen Sie auf **Speichern.**

Zwischenspeichern

Speichern Sie Ihren Text nicht erst nach Fertigstellung ab. Durch „Abstürzen" des Rechners oder durch Stromausfall wäre Ihre Arbeit verloren. Sichern Sie deshalb Ihre Arbeit zwischendurch ab. Hier können Sie das Tastenkürzel **STRG + S** oder das Symbol **Speichern** in der Symbolleiste für den Schnellzugriff verwenden.

Text erfassen

Beginnen Sie nun, Ihren Text einzugeben. Schreiben Sie den Text fortlaufend. Achten Sie darauf, dass Sie nach einem Absatz eine Leerzeile lassen.

Ausschneiden von Texten

Den Textteil markieren und über

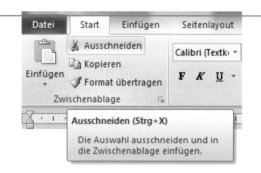

- Registerkarte **Start** – Gruppe **Zwischenablage** – Befehl **Ausschneiden** oder

- Shortcut **Strg + x** oder

- Kontextmenü (rechte Maustaste) **Ausschneiden**

den Inhalt in den Zwischenspeicher speichern.

Kopieren von Texten

Den Textteil markieren und über

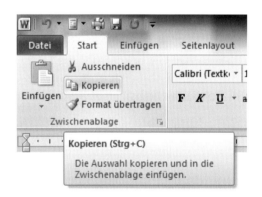

- Registerkarte **Start** – Gruppe **Zwischenablage** – Befehl **Kopieren** oder

- Shortcut **Strg + c** oder

- Kontextmenü (rechte Maustaste) **Kopieren**

den Inhalt in den Zwischenspeicher speichern.

Einfügen von Textteilen

Den Cursor an die vorgesehene Stelle bringen und den ausgeschnittenen bzw. kopierten Textteil über die

- Registerkarte **Start** – Gruppe **Zwischenablage** – Befehl **Einfügen** oder

- Shortcut **Strg + v** oder

- Kontextmenü (rechte Maustaste) **Einfügen**

den Inhalt des Zwischenspeichers einfügen.

Text suchen

Bei umfangreichen Dokumenten ist es oft schwierig, eine bestimmte Textstelle oder ein bestimmtes Wort im Text schnell zu finden. Word hilft Ihnen dabei mit der Funktion Suchen. Außerdem bietet Word an, Begriffe, Zeichen oder Sonderzeichen, die in einem Dokument häufiger vorkommen, gezielt zu ersetzen.

Über die Registerkarte **Start** – Gruppe **Bearbeiten** – Befehl **Suchen** öffnet sich rechts der Aufgabenbereich **Navigation** oder drücken Sie **Strg + F.** Geben Sie im Textfeld den Suchbegriff ein. Word durchsucht das gesamte Dokument und listet alle Fundstellen im Aufgabenbereich auf.

Klicken Sie auf den nach unten bzw. auf den nach oben zeigenden Pfeil, um zu den jeweiligen Fundstellen zu kommen. Sie bekommen die Textstellen sowohl im Aufgabenbereich angezeigt als auch rechts im Dokument selbst.

Weitere Suchmöglichkeiten

Klicken Sie im Aufgabenbereich Navigation auf den rechten Pfeil und öffnen Sie das Dialogfeld **Suchoptionen.**

Aktivieren bzw. deaktivieren Sie die gewünschten Optionen. Eine recht häufig verwendete Option ist **Platzhalter verwenden.** Sie können mit einem „?" oder „*" alle Suchbegriffe mit einem bestimmten Wortstamm finden, z. B. bei „leben*" wird auch lebendig gefunden.

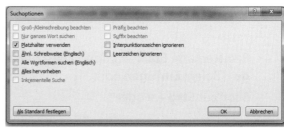

Texte ersetzen

Über die Registerkarte Start – Gruppe Bearbeiten
– Befehl Ersetzen erreichen Sie das Dialogfeld
Ersetzen.

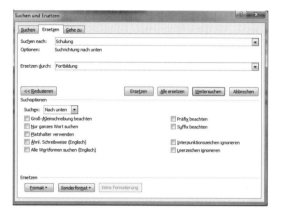

Geben Sie im Dialogfeld Ersetzen im Listenfeld
das Suchwort (= zu ersetzender Begriff) und das
Ersatzwort ein. Durch Anklicken der Schaltfläche
Erweitern können Sie weitere Kriterien festlegen.
Mit der Schaltfläche Weitersuchen starten Sie
die Suche. Stoppt die Suche an einer Fundstelle,
haben Sie folgende Möglichkeiten:

- Bestätigen Sie das Ersetzen des ursprüngli-
  chen Begriffs durch den neuen Begriff mit
  Ersetzen.

- Mit **Alle Ersetzen** wird der Suchbegriff an
  jeder Fundstelle ohne Rückfrage ersetzt.

- Durch erneutes Anklicken der Schaltfläche
  Weitersuchen gelangen Sie ohne Änderun-
  gen zur nächsten Textstelle.

- In der erweiterten Anzeige des Dialogfeldes
  Suchen und Ersetzen können Sie über die
  Schaltflächen **Format** und **Sonstiges** Formatierungen und Sonderzeichen suchen
  und ersetzen lassen, z. B. geschützte Leer-
  schritte können hinterher eingefügt werden.

- Mit der Schaltfläche **Keine Formatierungen**
  können Sie die gewählten Suchoptionen im
  Dialogfeld komplett deaktivieren.

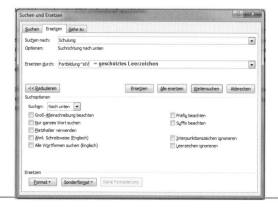

Zeichenformatierung

Markierte Textteile können Sie schnell über die Registerkarte **Start** – Gruppe **Schriftart** gestalten.

Alle zur Verfügung stehenden Zeichenformatierungen finden Sie unter dem Dialogfeld **Schriftart.** Dieses wird mit **STRG + D** geöffnet oder klicken Sie rechts unten auf das Startprogramm.

Unter der Registerkarte **Zeichenabstand** können Sie die Wörter sperren, indem Sie die Laufweite um eine entsprechende pt-Zahl erweitern.

Absatzformatierung

Markierte Textobjekte können Sie auch mit Absatzattributen gestalten. Direkt sind sie über die Registerkarte **Start** – Gruppe **Absatz** zu erreichen.

Alle Absatzformatierungen finden Sie rechts unten unter dem Startprogramm **Absatz.** Die Absatzattribute (Einzug rechts oder links, Zeilenabstand, Absatzabstand) beziehen sich immer auf einen oder mehrere Absätze, also den Textbereich zwischen zwei Absatzschaltungen.

Spalten einrichten

Markieren Sie den Text, der in mehrere Spalten angeordnet werden soll. Über die Registerkarte **Seitenlayout** – Gruppe **Seite einrichten** – Befehl **Spalte** – **Weitere Spalten** erreichen Sie das Dialogfeld **Spalten.**

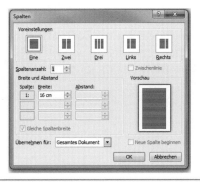

Tipp: Damit die Spalten gleich lang werden, markieren Sie hinter dem Text nicht die Zeilenschaltung.

Format übertragen

Wenn mehrere Textstellen gleich formatiert werden, arbeitet man rationell mit dem Befehl **Format übertragen**. Diesen finden Sie in der Registerkarte **Start** – Gruppe **Zwischenablage** – Befehl **Format übertragen.**

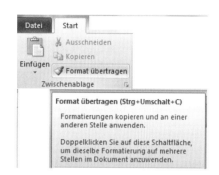

Dazu markiert man die richtig formatierte Textstelle und klickt mit der Maus das Symbol **Format übertragen** an. Der Mauszeiger wird zu einem Pinsel. Mit diesem Pinsel kann nun die gewünschte Textstelle formatiert werden.

TIPP: Wenn mehrere Textstellen mit diesem Format gestaltet werden sollen, müssen Sie auf das Symbol **Format übertragen doppelt** klicken.

Initial einfügen

Repräsentative Texte werden gerne mit Initialen gestaltet. Über die Registerkarte **Einfügen** – Gruppe **Text** – Befehl **Initial** – **Initialoptionen** wird das Dialogfeld **Initial** aufgerufen.

Hier können Sie die Position, Schriftart, Initialhöhe und den Abstand vom Text angeben.

Symbole einfügen

In der Registerkarte **Einfügen** – Gruppe **Symbole** – Befehl **Symbol** – **Weitere Symbole** finden Sie das Dialogfeld **Symbol**. Hier können Sie unter der Registerkarte **Symbol** Zeichen auswählen. Markieren Sie das gewünschte Zeichen und fügen Sie es ein.

Durch Wechsel der Schriftarten werden andere Symbole angezeigt.

Schattierung einstellen

Auf der Registerkarte **Start** – Gruppe **Absatz** – Befehl **Schattierung** können Sie das Dialogfeld **Designfarben** öffnen.

Hier wählen Sie die entsprechende Farbschattierung aus. Möchte man andere Farbnuancen, so geht man auf **Weitere Farben.**

Möchte man die Schattierung entfernen, so wird die Textstelle markiert und im Dialogfeld **Keine Farbe** angeklickt.

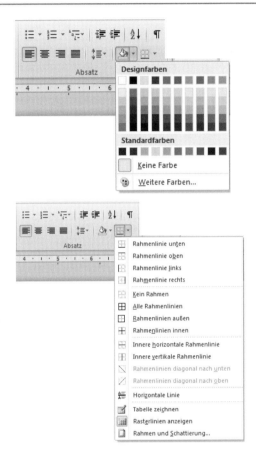

Rahmen setzen

Auf der Registerkarte **Start** – Gruppe **Absatz** – Befehl **Rahmen** – (ganz unten) **Rahmen und Schattierung** können Sie das Dialogfeld **Rahmen und Schattierung** öffnen.

Nun wählen Sie die Linienart, Farbe und Breite aus und unter **Übernehmen für:** den Bereich des Rahmens. In der Vorschau können einzelne Linien angeklickt werden.

Seitenrand gestalten

Wählen Sie die Registerkarte **Seitenrand** aus. Hier können Sie für die ganze Seite Ränder mit und ohne Effekte einfügen und unter **Übernehmen für:** den Bereich des Seitenrandes auswählen.

Tipp: Wird beim Ausdruck ein Linienrand nicht angezeigt, kann unter **Optionen** – **gemessen von** der Abstand vom Text eingestellt werden.

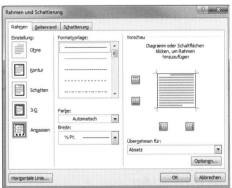

Word 2007/2010

Gehen sie auf die Registerkarte **Seitenlayout** – Gruppe **Seite einrichten** – Schaltfläche **Silbentrennung** und aktivieren Sie **Automatisch.**

Bestimmen Sie im Dialogfeld **Silbentrennung** die Position am rechten Rand und geben Sie an, wie viele aufeinanderfolgende Zeilen mit einem Trennungsstrich enden dürfen.

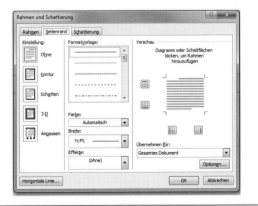

Aufzählung oder Nummerierung einfügen

Zur besseren Übersicht sollten Sie an den entsprechenden Stellen Aufzählungen bzw. Nummerierungen verwenden. Dazu markieren Sie Ihren Text.

Word 2003

Unter dem Menüpunkt **Format** – **Nummerierung und Aufzählungszeichen** gehen Sie auf die Registerkarte **Aufzählungszeichen oder Nummerierung.** Sie klicken mit der Maus auf Ihr gewünschtes Zeichen oder Ihre Nummerierung und bestätigen mit **OK.**

Ist das Gewünschte eingestellt, so können Sie sehr schnell über die Symbolleiste **Format** Ihre Aufzählung bzw. Nummerierung aktivieren.

Steht die Nummerierung nicht an der gewünschten Stelle, so gehen Sie über **Anpassen** in **Nummerierung anpassen.** Hier können Sie die gewünschten Abstände einstellen.

Word 2007/2010

Wählen Sie dann in der Registerkarte **Start** – Gruppe **Absatz** – entweder den Befehl **Aufzählung** oder **Nummerierung** aus.

Ist das Gewünschte eingestellt, so können Sie sehr schnell über das **Symbol** – auf den **rechten Pfeil** klicken – Ihre Aufzählung oder Nummerierung aktivieren.

Wünschen Sie für die Nummerierung oder Aufzählung ein anderes Zahlenformat oder ein anderes Symbol, so gehen Sie über den Befehl **Nummerierung** auf **Neues Zahlenformat definieren** oder über den Befehl **Aufzählung** auf **Neues Aufzählungszeichen definieren.**

Nach der DIN 1421 steht die Aufzählung/Nummerierung links an der Fluchtlinie; Beginn und Ende sind vom folgenden Text jeweils durch eine Leerzeile zu trennen.

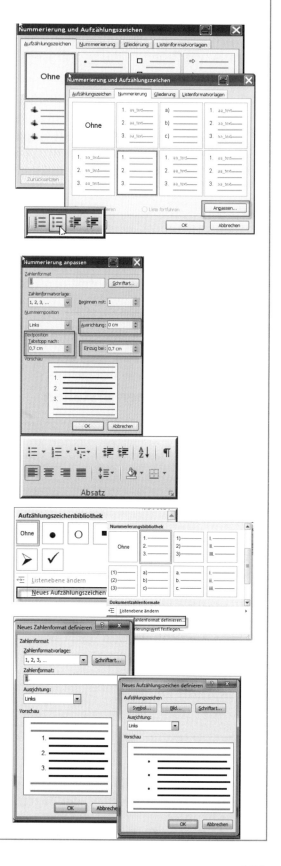

Abstände vergrößern. Sie setzen eine Leerzeile zwischen die Aufzählungsglieder, indem Sie eine geschützte Zeilenschaltung SHIFT + Return vornehmen.

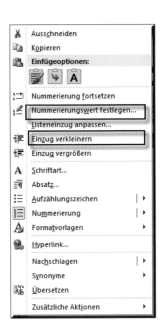

Listeneinzug an die Fluchtlinie anpassen. Klicken Sie mit der rechten Maustaste im Kontextmenü auf **Einzug verkleinern.**

Liste neu nummerieren. Klicken Sie mit der rechten Maustaste auf den Listeneintrag, ab dem neu nummeriert werden soll. Klicken Sie mit der rechten Maustaste im Kontextmenü auf **Neu beginnen mit 1** oder wählen Sie eine andere gewünschte Option aus.

Liste mit Ebenen erstellen

Eine Gliederung besteht aus mehreren Ebenen, die individuell eingestellt werden können. Unter Position wird die Ausrichtung eingestellt, die im Vorschaufenster angezeigt wird.

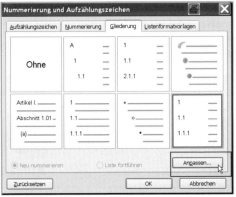

Word 2003

Unter dem Menüpunkt **Format – Nummerierung und Aufzählung** gehen Sie auf die Registerkarte **Gliederung.** Hier suchen Sie sich die gewünschte Gliederung aus bzw. gehen über **Anpassen** in **Gliederung anpassen.**

Unter **Ausrichtung** wird die Position eingestellt, die im Vorschaufenster angezeigt wird.

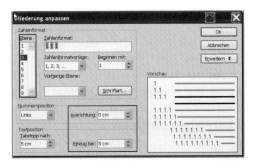

Gemäß DIN 1421 beginnen alle Abschnittsnummern an derselben Fluchtlinie. Nach einer Abschnittsnummer folgt der Abstand von mindestens zwei Leerzeichen. Am Ende einer Abschnittsnummer steht kein Punkt.

Um diese Regeln einzuhalten, wird die **Ausrichtung** auf 0 cm eingestellt, der **Texteinzug** entsprechend erweitert und der letzte Punkt unter **Formatierung für Zahl eingeben** entfernt.

Word 2007/2010

Zunächst markieren Sie Ihren Text und wählen dann auf der Registerkarte **Start** – Gruppe **Absatz** – Befehl **Liste mit mehreren Ebenen.** Hier suchen Sie sich die gewünschte Gliederung aus bzw. Sie gehen über **Neue Liste mit mehreren Ebenen definieren.**

Gemäß DIN 1421 beginnen alle Abschnittsnummern an derselben Fluchtlinie. Nach einer Abschnittsnummer folgt der Abstand von mindestens zwei Leerzeichen. Am Ende einer Abschnittsnummer steht kein Punkt.

Um diese Regeln einzuhalten, wird die **Ausrichtung** auf 0 cm eingestellt, der **Texteinzug** entsprechend erweitert (z. B. bei drei Ebenen auf 2 cm) und der letzte Punkt unter **Formatierung für Zahl eingeben** entfernt. Möchten Sie alle Ebenen auf einmal verändern, gehen Sie auf **Für alle Ebenen festlegen** und stellen dort Ihre Werte ein.

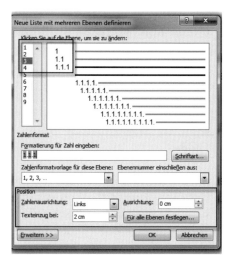

Ebenen einstellen

Während der Texteingabe oder später erstellen Sie die verschiedenen Ebenen über die Symbole **Einzug verkleinern** – **Einzug vergrößern.**

* Klicken Sie auf **Einzug vergrößern,** um von der Ebene 1 auf die Ebene 1.1 zu gelangen.

* Klicken Sie auf **Einzug verkleinern,** um auf den Gliederungspunkt 2 zu gelangen.

Tabstopp setzen

Tabstopps dienen als Haltepunkte innerhalb einer Zeile. Betätigen Sie nicht die Leertaste, um an eine bestimmte Stelle in der Zeile zu gelangen, sondern verwenden Sie die Tabtaste. Zuvor müssen Sie allerdings die Tabstopps an Ihre gewünschte Position bringen.

Gehen Sie auf die Registerkarte **Start** – Gruppe **Absatz** unten rechts auf das Startprogramm – Tabstopps und geben Sie im Dialogfeld **Tabstopps** die gewünschte Tabstopp-Position ein.

Weiterhin ist die gewünschte Ausrichtung (links, zentriert, rechts, dezimal) anzugeben und ob Sie den Zwischenraum zwischen den Wort- oder Zahlenkolonnen mit Punkten, Strichen oder einer Linie auffüllen wollen. Bestätigen Sie Ihre Auswahl mit der Schaltfläche **Festlegen.**

Die Standardtabstopps im Abstand von 1,25 cm erscheinen im Zeilenlineal als senkrechte hellgraue Linien.

Arbeiten Sie rationell: Über das Zeilenlineal können Sie die Tabstopps sehr schnell setzen. Klicken Sie am linken Linealende die Schaltfläche an, um die gewünschte Ausrichtung des Tabulatorstopps festzulegen. Setzen Sie anschließend den Mausanzeiger an die gewünschte Position im Zeilenlineal und bestätigen Sie die Position mit der linken Maustaste.

Tabstopp verschieben: Um einen Tabstopp zu verschieben, klicken Sie mit der Maus auf den gesetzten Tabstopp und ziehen ihn anschließend mit gedrückter Maustaste an die gewünschte Position. Um einen Tabstopp millimetergenau zu setzen oder zu verschieben, muss zusätzlich zum Mausanzeiger die Alt-Taste gedrückt werden.

Ein Tabstopp im Zeilenlineal lässt sich einfach löschen, indem man mit dem Mauszeiger auf den Tabstopp klickt und mit gedrückter Maustaste den Tabstopp aus dem Lineal herauszieht und die Taste loslässt.

Tabellen gestalten

Mit Tabellen können Sie Ihre Arbeit übersichtlicher und strukturierter formatieren. Word bietet eine Vielzahl von Möglichkeiten, Ihre Tabellen zu optischen Anziehungspunkten zu gestalten.

Word 2003

Rufen Sie die Symbolleiste **Tabelle und Rahmen** auf – Mauszeiger in den Bereich der Symbolleisten bringen – rechte Maustaste klicken – **Tabelle und Rahmen** auswählen. Die Symbolleiste enthält hilfreiche Werkzeuge:

Tabelle einfügen: Icon anklicken und die gewünschte Zellenzahl markieren und Maustaste klicken.

Rahmen gestalten: Icon anklicken und die gewünschten Zellen markieren. Die Rahmenlinien bestimmen und Maustaste klicken.

Tabelle schattieren: Icon anklicken und die gewünschten Zellen markieren. Die Schattierung bestimmen und Maustaste klicken.

Zellen verbinden oder teilen: Die entsprechenden Zellen markieren und Maustaste klicken.

Zellenausrichtung bestimmen: Icon anklicken und die gewünschten Zellen markieren. Die Ausrichtung aussuchen und Maustaste klicken. Nach der DIN 5008 sollte der Inhalt einer Tabellenzelle immer einen gleichen Zeilenabstand nach oben und unten haben (z. B. Mitte links ausrichten).

Spalten und Zellen gleichmäßig gestalten: Die gewünschten Zellen markieren und das entsprechende Icon anklicken. Eine Tabelle, in der die Zeilen unterschiedlich hoch sind, wirkt sehr unruhig auf den Leser.

Zeilen/Spalten löschen: Markieren Sie die zu löschende Zeile oder Spalte; führen Sie den Mauszeiger in den Bereich der Markierung und öffnen Sie mit der rechten Maustaste das Kontextmenü; hier ist nur noch **Zeilen löschen** oder **Spalten löschen** anzuklicken.

Zeilen einfügen: Über das Menü **Tabelle – Einfügen** können Zeilen oberhalb oder unterhalb eingefügt werden.

Word 2007/2010

Auf der Registerkarte **Einfügen** – Gruppe **Tabelle** – Schaltfläche **Tabelle** können mit der Maus die gewünschten Zeilen und Spalten aufgerufen werden. Ist die Tabelle erstellt und mit dem Cursor aktiviert, so öffnen sich die Registerkarten **Tabellentools** für den Entwurf und das Layout. Diese Tools bieten sehr übersichtlich viele Gestaltungsmöglichkeiten.

Mit der Registerkarte **Tabellentool – Entwurf** können Sie viele Tabellen-Formatvorlagen nutzen. Sie müssen einfach nur eine Formatvorlage aussuchen. Die Gruppe **Optionen für Tabellenformat** ermöglicht es Ihnen, in manchen Fällen die Tabellen lesefreundlicher zu gestalten.

Die Gruppe **Rahmenlinien zeichnen** ermöglicht, Linien, Linienstärke und Farbe auszusuchen. Mit dem Radierer können Linien entfernt werden. Sie können auch eine komplexe Tabelle zeichnen, die unterschiedliche Zeilen oder unterschiedlich viele Spalten pro Zeile enthält. Wenn Sie auf den rechten unteren **Pfeil** klicken, so öffnet sich das Dialogfeld **Rahmen und Schattierung.**

Mit der Registerkarte **Tabellentool - Layout** stellt Word Ihnen viele Werkzeuge zur Tabellengestaltung zur Verfügung.

Die Gruppe **Zeilen und Spalten** ermöglicht, Zeilen und Spalten einzufügen und zu löschen.

Eine Tabelle, in der die Zeilen unterschiedlich hoch sind, wirkt sehr unruhig auf den Leser. Hier bietet die Gruppe **Zellengröße** an, Zeilen und Spalten gleichmäßig zu verteilen, um Zeilenhöhe und Spaltenbreite einander anzupassen.

Die Gruppe **Ausrichtung** ermöglicht, den Text in der Zelle an entsprechende Position zu bringen. Außerdem kann der Text in verschiedenen Richtungen fließen.

Die Gruppe **Zusammenführen** bietet Befehle, um Zellen zu verbinden, Zellen zu teilen bzw. die Tabelle zu teilen. Sie können in derselben Zeile bzw. Spalte zwei oder mehrere Zellen zu einer einzigen Zelle verbinden. Sie können beispielsweise mehrere Zellen horizontal verbinden, um eine Tabellenüberschrift zu erstellen, die mehrere Spalten umfasst.

Tabelle positionieren

Zum Anpassen des Tabellenlayouts stehen noch zahlreiche weitere Möglichkeiten zur Verfügung. Um eine ganze Tabelle, bezogen auf die Seitenränder auszurichten, markieren Sie zuerst die gesamte Tabelle und verwenden in der Gruppe **Ausrichtung** – den Befehl **Zellenbegrenzung**.

Die Ausrichtung, einen linken Einzug und den Textumbruch um eine Tabelle, können Sie in der Gruppe **Tabelle** – Befehl – **Tabelleneigenschaften** festlegen.

Möchten Sie eine Tabelle an eine bestimmte Position bringen, so aktivieren Sie unter dem Befehl **Tabelleneigenschaften** – Textumbruch **Umgebend** und klicken nun auf das Feld **Positionierung**.

Hier stellen Sie nun Ihre gewünschten Werte ein, z. B. für den Geschäftsbrief mit Bezugzeichenzeile – Form B – die vertikale Position 9,74 cm, gemessen von der ganze Seite.

Um den Text innerhalb einer Tabellenzelle auszurichten, markieren Sie den entsprechenden Bereich und klicken in der Gruppe **Ausrichtung** auf die gewünschte **Zellenausrichtung**. Hier können Sie auch den Text vertikal und horizontal ausrichten.

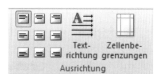

Grafiken und Bilder einfügen

Grafiken/Strichzeichnungen und Bilder müssen zu Ihrem Thema einen Bezug haben und zum besseren Verständnis beitragen. Das Bild oder die Grafik stehen horizontal zentriert zwischen dem Text. Der Abstand rund um das Bild sollte 0,3 bis 0,5 Zentimeter betragen und am Absatz verankert sein.

Jedes Bild wird beschriftet und die Quelle angegeben. Die Schriftgröße der Bildbeschriftung ist etwas geringer als die des Textes. Innerhalb des Textes wird mindestens einmal auf das Bild verwiesen (siehe Wordfunktion **Querverweis**). Das Bild sollte eine gute Qualität haben, sodass Sie es gut kopieren können. Als Grafikformate eignen sich .jpg, .tif oder .png. Sie sollten darauf achten, dass Ihre Bilder nicht mehr als 1 MB Speicherplatz benötigen – ggf. müssen Sie das Bild komprimieren.

Brief von Manfred Sliwka (promovierter Ökonom) – Wo willst du das Abenteuer deines Lebens leben? Im Bungee-Springen, im Paragliding oder in einer beruflichen Aufgabe, die dir Spaß macht? Wir leben in einer ziemlich verrückten Welt. Sie ist voller Aufgaben, voller Probleme und voller Herausforderungen. Aber viele junge Menschen suchen einen Job in dem sie möglichst bequem möglichst viel Geld verdienen.

Abb. 1: Die verrückte Welt

Quelle: Microsoft Office 2010.

Das Abenteuer ihres Lebens verlagern sie auf die Freizeit: den Feierabend, das Wochenende, den Urlaub. Wir brauchen alle Abenteuer, sonst wäre das Leben langweilig. Ich gönne auch jedem den Spaß in der Freizeit.

Word 2003

Unter dem Menü **Einfügen– Grafik – Datei aus** werden die Grafiken oder Bilder von dem entsprechenden Laufwerk/Verzeichnis gewählt und eingefügt.

Innerhalb des Textes gibt es mehrere Möglichkeiten, Grafiken zu positionieren. Sehr rationell geht es über die Schaltfläche **Textfluss** in der Symbolleiste **Grafik** oder über das Kontextmenü **Grafik formatieren – Layout.** Markieren Sie die Grafik oder das Bild und verändern Sie den Textfluss auf **Oben und unten.**

Word 2007/2010

Auf der Registerkarte **Einfügen** – Gruppe **Illustrationen** finden Sie verschiedene Elemente zum Einfügen. Klicken Sie auf das Symbol **Grafik,** so öffnet sich der Dateimanager, Sie wählen das entsprechende Laufwerk/Verzeichnis und fügen Ihr gewünschtes Bild ein. Innerhalb des Textes gibt es mehrere Möglichkeiten, Grafiken zu positionieren. Sehr rationell geht es über die Schaltfläche **Textfluss** in der Symbolleiste **Grafik** oder über das Kontextmenü **Grafik formatieren – Layout.** Markieren Sie die Grafik oder das Bild und verändern Sie den Textfluss auf **Oben und unten.**

Bildgröße verändern

Markieren Sie Ihre Grafik. Zeigen Sie mit der Maus auf die Ziehpunkte. Der Mauszeiger verändert sich in einen Doppelpfeil. Ziehen Sie mit gedrückter Maustaste einen der Ziehpunkte nach innen bzw. nach außen, um das Bild zu verkleinern bzw. zu vergrößern. Beim Ziehen wird der Mauszeiger als Pluszeichen angezeigt. Lassen Sie die Maustaste los, wenn die gewünschte Größe erreicht ist.

Abbildungen beschriften

Klicken Sie auf die rechte Maustaste und wählen Sie **Beschriftung einfügen.** Ergänzen Sie die Beschriftung – wählen Sie die Bezeichnung und die Position **Über dem ausgewählten Element.** Möchten Sie eine andere Bezeichnung bzw. die Abkürzung von Abbildungen verwenden, so fügen Sie unter **Neue Bezeichnung** Ihren Text hinzu und positionieren den Titel der Abbildung über dem ausgewählten Element. Wiederholen Sie den Vorgang, um die Quelle anzugeben und sie unter dem ausgewählten Element zu positionieren.

Inhaltsverzeichnis

Word bietet die überaus praktische Funktion, ein Inhaltsverzeichnis automatisch zu erstellen. Voraussetzung dafür ist, dass Sie allen Überschriften die **speziellen Formatvorlagen** zugewiesen haben und somit eine Gliederungsstruktur des Dokumentes vorhanden ist. Positionieren Sie die Einfügemarke an jener Stelle, an der das Inhaltsverzeichnis eingefügt werden soll.

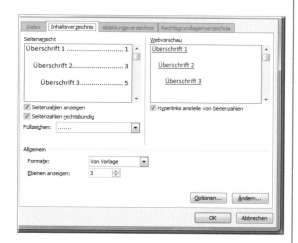

Inhaltsverzeichnis erstellen – Word 2003

Klicken Sie auf **Einfügen** – **Referenz** – **Index und Verzeichnisse.** Wählen Sie auf der Registerkarte **Inhaltsverzeichnis** das gewünschte Format aus.

Inhaltsverzeichnis erstellen – Word 2007/2010

Klicken Sie auf die Registerkarte **Verweise** - Gruppe **Inhaltsverzeichnis** – **Inhaltsverzeichnis** – **Inhaltsverzeichnis einfügen.**

Zunächst legen Sie die Anzahl der Ebenen fest, die in das Inhaltsverzeichnis übernommen werden. Um ein normgerechtes Inhaltsverzeichnis nach DIN 1421 zu erstellen, müssen Sie das Format **Von Vorlage** nehmen. Passen Sie über die Schaltfläche **Ändern** die Formatierung der Formatvorlagen Verzeichnis 1 bis 3 an. Klicken Sie dazu wiederum auf die Schaltfläche **Ändern** – **Format** – **Absatz.** Den Einzug links setzen Sie auf 0. Klicken Sie auf **OK.** Anschließend klicken Sie auf Format – Tabstopp und setzen zwei Tabstopps. (1. Tabstopp 2 cm, Ausrichtung links – 2. Tabstopp z. B. 16 cm, Ausrichtung rechts, Füllzeichen). Ebenso passen Sie die Schriftart Ihrem Text an.

Nach einem Klick auf **OK** wird das Inhaltsverzeichnis (als Feldfunktion) in das Dokument eingefügt. Drücken Sie die **Strg-Taste** und klicken Sie auf eine **Überschrift im Inhaltsverzeichnis,** so wechselt Word zu dieser Stelle im Text.

Inhaltsverzeichnis aktualisieren

Aktualisieren Sie zwischendurch Ihr Inhaltsverzeichnis. Klicken Sie zum Aktualisieren in das Inhaltsverzeichnis und drücken Sie **F9** oder wählen Sie im Kontextmenü **Felder aktualisieren.** Entscheiden Sie, ob Sie nur die Seitenzahlen aktualisieren oder das gesamte Inhaltsverzeichnis neu erstellen möchten.

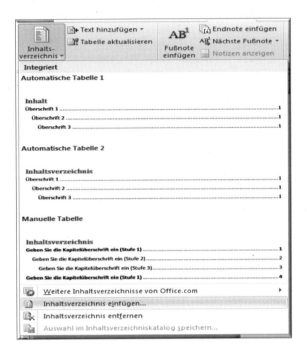

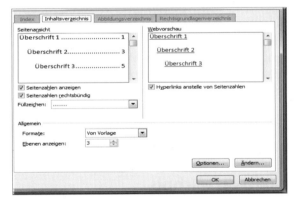